“大智移云”技术在制造业成本管理中的创新与应用

——基于H公司的案例

王宏利　著

中国财经出版传媒集团
中国财政经济出版社

图书在版编目（CIP）数据

“大智移云”技术在制造业成本管理中的创新与应用：基于H公司的案例／王宏利著．--北京：中国财政经济出版社，2021.7

ISBN 978-7-5223-0581-3

Ⅰ.①大…　Ⅱ.①王…　Ⅲ.①制造工业-工业企业管理-成本管理-研究　Ⅳ.①F407.406.72

中国版本图书馆CIP数据核字（2021）第113547号

责任编辑：郭爱春　　　　责任印制：张　健
封面设计：陈宇琰　　　　责任校对：张　凡

“大智移云”技术在制造业成本管理中的创新与应用
——基于H公司的案例
“DAZHIYIYUN” JISHU ZAI ZHIZAOYE CHENGBEN GUANLI
ZHONG DE CHUANGXIN YU YINGYONG
——JIYU H GONGSI DE ANLI

中国财政经济出版社 出版
URL：http：//www.cfeph.cn
E-mail：cfeph@cfeph.cn

社址：北京市海淀区阜成路甲28号　邮政编码：100142
营销中心电话：010-88191522
天猫网店：中国财政经济出版社旗舰店
网址：https：//zgczjjcbs.tmall.com
北京中兴印刷有限公司印刷　各地新华书店经销
成品尺寸：170mm×240mm　16开　8.25印张　115 000字
2021年6月第1版　2021年6月北京第1次印刷
定价：35.00元
ISBN 978-7-5223-0581-3
（图书出现印装问题，本社负责调换，电话：010-88190548）
本社质量投诉电话：010-88190744
打击盗版举报热线：010-88191661　QQ：2242791300

序 言

自上海证券交易所 1990 年成立到现在历经 30 年的发展，中国上市公司发展非常迅速。截至 2020 年年底，上市公司数量超过 4000 家，其中制造业依然是中国经济的中流砥柱，不论是制造业上市公司的资金规模与公司规模，还是投资者数量，都在中国资本市场上占主要地位。制造业也是我国市场经济体系的重要组成部分，其规模的迅速扩大和效率的不断提高，在推动中国经济发展进程中发挥着举足轻重的作用。

信息技术的发展与成熟推动着制造业的变革进程，在企业中使用信息技术元素优化运营、降本升效，为企业创造价值已是大势所趋。信息技术元素在制造业行业的采购、销售、运输、生产、研发各个环节中不断应用，制造业企业成本管理作为管理者创造价值的工具，同样也面临着新时代带来的机遇及挑战。制造业企业可以通过建立数据中心，将数据的存储、分类、处理、分析功能完全覆盖企业的研发、采购、生产、销售、人力、管理等各个业务单元，利用数据中心的数据信息多、价值量高、处理速度快、可以异地管理的特点，对企业的各项业务进行智能、实时和高效管理。然而，信息技术元素在制造业成本管理中的应用仍然存在许多瓶颈，传统企业生产经营与成本管理模式，不再符合时代需求。当今企业必须将企业运营过程与信息技术元素紧密融合，对企业内部流程与运行模式进行转型升级以不断缩小用户需求差异，优化整合在流程上、机制上、平台上的创新，并且通过信息技术手段厘清企业各环节、各流程的增值与非增值因素，实现进程成本管理创新，从而规避那些不必要的模式设置导致的失败风险。

本书探究信息技术在制造业企业的成本核算管理工作中具有可行性的业务创新以及具体应用，希望能够借此补充成本管理领域相关研究的缺口，并在企业的具体业务实践活动中提供科学有效的对策建议。没有成功的企业，只有时代的企业。企业要实时调整自己以适应企业经营环境，自省如何运用信息技术将资源有效转换体现为用户价值，期待企业成本管理与信息技术元素不断交融与长足进步。

北京攀宝生物科技有限公司提供研究支持，在此表示由衷感谢。

王宏利

2021 年 5 月

目　录

引言 …… (1)

1　制造业成本管理研究概述 …… (6)

1.1　制造业成本管理研究背景 …… (7)

1.2　“大智移云”技术对制造业成本管理的影响 …… (19)

2　成本管理的内涵与外延 …… (25)

2.1　成本管理的历史演进 …… (25)

2.2　成本管理方法综述 …… (33)

2.3　探究成本管理的起点 …… (36)

2.4　建立有效的成本管理新模式 …… (39)

3　“大智移云”技术对制造业成本管理的影响 …… (43)

3.1　“大智移云”技术综述 …… (43)

3.2　“大智移云”对企业成本管理影响综述 …… (44)

3.3　“大智移云”在企业成本管理中的应用综述 …… (44)

3.4　“大智移云”在企业成本管理应用中存在的问题分析 …… (49)

3.5　“大智移云”在制造业成本管理的应用意义 …… (51)

4　H 公司概述 …… (53)

4.1　目标企业介绍 …… (53)

4.2 H 公司概述 …………………………………………………… (54)
4.3 H 公司商业模式分析 …………………………………………… (55)
4.4 “大智移云”时代 H 公司的战略创新 …………………… (59)
4.5 “大智移云”时代 H 公司的组织变革 …………………… (60)
4.6 “大智移云”时代 H 公司的商业模式创新 ……………… (63)

5 H 公司成本管理现状及问题分析 ……………………………… (66)
5.1 H 公司成本管理现状 …………………………………………… (67)
5.2 “大智移云”技术在 H 公司成本管理中的问题分析 …… (74)

6 “大智移云”时代 H 公司成本管理现存问题及创新方案 ……… (77)
6.1 H 公司面向服务供应链系统总体规划方案 ………………… (77)
6.2 H 公司面向服务信息系统总体规划方案 …………………… (93)
6.3 面向服务财务信息系统总体规划方案 ……………………… (105)

7 总结与启示 ………………………………………………………… (112)
7.1 “大智移云”技术助力制造业转型升级 …………………… (112)
7.2 “大智移云”技术对制造业企业成本管理理论的影响 …… (113)
7.3 “大智移云”在企业成本管理的建议与策略 ……………… (115)
7.4 “大智移云”技术在制造业企业成本管理中的应用路径 …… (116)
7.5 研究的不足与展望 ……………………………………………… (119)

参考文献 ………………………………………………………………… (121)

引　言

近几年，在大数据的支撑下，云计算、物联网、人工智能算法迅速发展，被应用于各个领域，重塑各行各业。在此过程中，制造业企业成本管理作为管理者创造价值的工具，也面临着新时代带来的机遇及挑战。作为对数据进行存储、捕捉等一系列操作的技术集合，大数据技术模式拥有突出的数据处理优势，其数据敏感性、决策支撑高效性以及流程优化可行性的特点十分突出。而智能化技术则集成了软件、硬件、决策、分拣以及服务五个方面的智能化维度，进而提升企业运营效率、优化企业成本管理。移动互联网技术则是代表当前网络信息快速发展的最新产物，如相应的网络平台、运营模式、通信技术以及与传统移动服务相结合的业务实践。云计算以移动互联网和大数据为载体提供算法支持从而增加有效信息输出。

作为企业财务优化流程中的重要部分，企业的成本管理扮演着十分重要的作用。而作为对象化的成本费用，其具体核算工作会牵涉不同业务流程中的各个环节，并且不局限于单次计算而是反复归结与分配，因此企业成本的核算工作需要耗费大量时间。其中，关于企业生产环节中的基本费用以及辅助费用核算工作尤为明显，而关于最终产成品以及在产品的成本测度工作也需要较大的工作量与复杂的核算方式，因此针对成本核算所进行的传统手工核算工作不可避免地会出现各种类型的错误，而且一旦出现单个数据错误就需要前后关联调整，效率较低。“大智移云”时代，制造业企业可以通过建立数据中心，将数据的存储、分类、处理、分析功能完全覆盖企业的研发、采购、生产、销售、人力、管理等各个业务单元，利用数据中心的数据信息多、价值量高、处理速度快、可以异地管理的特点，对企业的各项业务进行智能、实时和高效管理。

然而，“大智移云”在制造业成本管理中的应用仍然存在许多瓶颈。从宏观层面来看，中国制造业企业大部分信息化程度低，理论与实践结合度低，信息化过程中数据的获取缺乏有效性，财务信息汇集与共享的功能缺失。从中观层面来看，供给侧需求周期变短，需求个性化突出，企业成本增长与服务升级不同步，信息化和智能化技术水平不够高。从微观层面来看，“大智移云”在企业成本管理中的应用问题突出，包括数据类型繁多、数据量庞大、数据实时性过高、智能设备滞后、信息系统成本高及信息孤岛等。这些问题严重制约了“大智移云”在制造业企业成本管理中的应用。

综上所述，本书主要探究的内容是“大智移云”技术在制造业企业的成本核算管理工作中具有可行性的业务创新以及具体应用，希望能够借此补充成本管理领域相关研究的缺口，并在企业的具体业务实践活动中提供科学有效的对策建议。本书主要分为七个部分，框架如图 1 所示。

第一部分，通过系统梳理文献阐述本书的研究背景、研究现状、存在问题与研究意义。具体内容包括：（1）梳理成本管理的发展历程、应用方法、现状与瓶颈。目前，随着制造业供给侧改革的不断深化，工业制造智能化不断推进，5G 物联网的应用与普及，市场需求变化节奏不断变快，导致制造业影响因素越来越复杂，制造决策依赖更多的信息，企业产供销管理越来越精细。（2）梳理“大智移云”技术对制造业成本管理的影响。“大智移云”对制造业提供的功能有：为企业平台提供全面的数据支撑、对企业运营进行数据跟踪与分析、对企业效益进行科学统计与建模、对企业成本进行持续监控与增效、对企业计划进行预测与差异分析、为企业供应链决策提供数据支持。

第二部分，使用文献综述方法介绍企业成本管理的内涵、外延、演变、缺陷与完善。首先，介绍成本管理的内涵，包括企业成本管理的历史演进、确立基础、初步尝试、制度建立、科学管理、责任考核、管理目标与理论跃

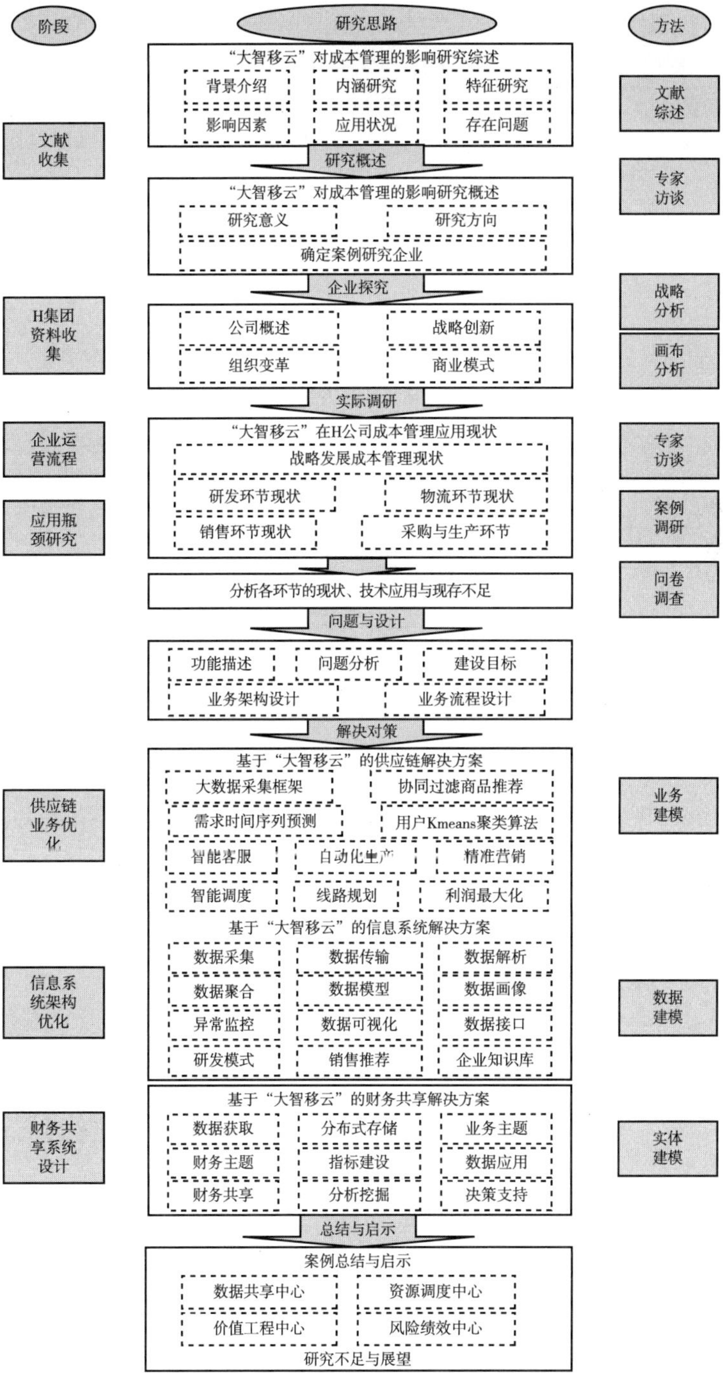

阶段　研究思路　方法

"大智移云"对成本管理的影响研究综述
背景介绍　内涵研究　特征研究
影响因素　应用状况　存在问题

研究概述

"大智移云"对成本管理的影响研究概述
研究意义　研究方向
确定案例研究企业

企业探究

公司概述　战略创新
组织变革　商业模式

实际调研

"大智移云"在H公司成本管理应用现状
战略发展成本管理现状
研发环节现状　物流环节现状
销售环节现状　采购与生产环节

分析各环节的现状、技术应用与现存不足

问题与设计

功能描述　问题分析　建设目标
业务架构设计　业务流程设计

解决对策

基于"大智移云"的供应链解决方案
大数据采集框架　协同过滤商品推荐
需求时间序列预测　用户Kmeans聚类算法
智能客服　自动化生产　精准营销
智能调度　线路规划　利润最大化

基于"大智移云"的信息系统解决方案
数据采集　数据传输　数据解析
数据聚合　数据模型　数据画像
异常监控　数据可视化　数据接口
研发模式　销售推荐　企业知识库

基于"大智移云"的财务共享解决方案
数据获取　分布式存储　业务主题
财务主题　指标建设　数据应用
财务共享　分析挖掘　决策支持

总结与启示

案例总结与启示
数据共享中心　资源调度中心
价值工程中心　风险绩效中心
研究不足与展望

阶段：文献收集；H集团资料收集；企业运营流程；应用瓶颈研究；供应链业务优化；信息系统架构优化；财务共享系统设计

方法：文献综述；专家访谈；战略分析；画布分析；专家访谈；案例调研；问卷调查；业务建模；数据建模；实体建模

图1 "大智移云"在制造业企业成本管理创新研究架构图

进。其次，详细介绍成本管理方法，包括标准成本、责任成本、目标成本、作业成本、质量成本与战略成本。最后，根据成本管理的局限性，论述传统成本管理改良方法、成本管理的新目标、成本管理新模式基本要求与战略成本管理基本思路，建立有效的成本管理新模式，应用信息化手段，落实战略成本管理思想，融合管理智慧与管理经验。

第三部分，基于大数据技术的内涵与外延，论述“大智移云”技术对制造业成本管理的影响、挑战与应用意义。在“大智移云”背景下，由于成本管理需求与可应用的技术提升，对企业成本管理相关的数据来源、数据获取、数据存储、数据分析、数据建模、数据运算与数据可视化提出新的要求与挑战。中国制造业企业数据的收集和利用能力有限，难以顾及隐性成本或者对隐性成本不够重视，忽视了当前行为对未来成本的影响，从而导致计算结果受到质疑，后续成本增加。研究“大智移云”在企业成本管理中应用有助于推动企业长足发展，具体内容为：全局掌控以助力企业战略成本管理，分析建模为决策提供智能化支撑，降低成本推动企业精细化管理，技术应用为管理会计职能提供支持，规划控制实现企业运转全自动，财务共享实现企业“业财一体化”。

第四部分，基于文献检索，对案例目标企业的基本情况、商业模式、战略创新与组织变革进行介绍。首先，介绍案例公司的基本信息、经营范围、品牌战略等。其次，对商业模式进行分析，介绍企业价值主张、用户细分、用户关系、销售渠道、核心资源、关键业务、合作伙伴、成本结构、收入来源等。最后，基于“大智移云”的时代背景，对案例公司智能制造下的成本管理的创新与发展展开案例研究，探索成本管理在制造业企业转型升级过程中的演变路径与优化模式，以寻求适用于我国制造业企业的成本管理创新模式。

第五部分，采用文献综述、电话访谈、实地调研等方法，从物流、输出、采购、销售、研发等环节，探究H公司成本管理现状，对“大智移云”在企业运营及成本管理中的应用进行总结与问题分析。H公司是一家集家电产品研发、生产、销售于一体的制造服务企业，因而业务涉及广泛。随着每次H公司发展战略的改变，其采用的成本管理方法也成为相应变革后的产物，H公司经过几轮的战略调整，目前形成了一套完备的以客户价值为导向的战略成本管理方法体系。H公司业务流程主要由以下几部分构成：一是基于用户需求的产品研发阶段，对研发的产品在经过精密的销售预测、盈利水平预测、投入产出比例计算等，确保良好的性能与目标利润率之后，才能全面投入生产；二是生产阶段，集团总部根据工厂自身生产能力以及地域分配等因素确定相应工厂的生产规模，与此同时制定相应的采购计划和生产计划；三是销售与售后服务阶段，产品销售是企业获取最终利润流入的阶段。

第六部分，通过物理建模、业务建模与数学概念模型的方式，从 H 公司供应链、数据流、财务信息三个方面提出具体的解决措施。通过调查 H 公司研发、采购、生产、物流、销售相关的管理现状以及存在的问题，总结 H 公司供应链、信息系统、财务系统的功能、问题与建设目标。从平台架构及业务流程方面，结合“大智移云”技术进行优化改良。从算法与实操层面，结合“大智移云”技术对企业用户需求分析、产品创新、物流规划、产品推荐和财务共享等提出优化措施。本案例研究从三个维度提出优化方案：其一，研究 H 公司供应链，结合业务与“大智移云”技术，对供应链进行详细设计，优化对物流、采购、生产的成本管理。其二，研究 H 公司大数据信息系统架构，从信息资源利用与挖掘角度，优化信息系统架构与数据挖掘模型，探究其对研发成本管理的影响。其三，研究 H 公司财务共享系统，结合“大智移云”技术构建现代财务共享决策与可视化系统架构，探究其对企业成本管理的影响。

第七部分，对“大智移云”技术在制造业成本管理中的应急策略进行总结，对未来进行展望。建议与策略方面，制造业企业应该深耕大数据，挖掘有效信息；加速智能化，提高工作效率；借力互联网，管控运营成本；培育云计算，打造智慧企业。应用路径方面，制造业企业应该进行观念变革、组织重构、供应链改进，打造一体化的信息网络系统。总之，“没有成功的企业，只有时代的企业。”互联网时代，企业不但要实时调整自己以适应经营环境，而且还要不断应用“大智移云”等新技术，自省如何将资源有效转换体现为用户价值。当今企业必须将企业运营过程与技术元素紧密融合，对企业内部流程与运行模式进行转型升级以不断缩小用户需求差异，优化整合在流程、机制、平台上的创新，并且通过技术手段厘清企业各环节、各流程的增值与非增值因素，实现进程成本管理创新，从而规避那些不必要的模式设置导致的失败风险。

1 制造业成本管理研究概述

在过去的40年间，伴随着公司组织体系变革、业务类型日益复杂及商业模式的变更，我国制造业企业成本管理模式日渐复杂，成本管理方法日新月异，成本管理职能日益提升。在我国经济发展中扮演着支撑作用的制造业，作为支撑我国经济健康发展的核心产业，以连续不断的动力与活力为我国经济的高速发展发挥着重要作用。作为世界制造产业领域的第一大国，我国制造业发展仍旧有待提高和改进，“大而不强”的特征仍旧十分典型、不容忽视。新一代信息技术的快速发展为我国制造业的发展带来了新的思路和发展机遇。目前，科学技术飞速发展对企业成本管理的数据来源、数据范围、分析方法与决策方式产生深刻影响。“大智移云”技术在企业成本管理中扮演着十分重要的角色，大数据实现了收集数据与建模分析，云服务解决了数据存储、运算与共享，移动物/互联网为企业生产数据与反馈数据，人工智能在大数据分析的基础上对数据进行深度挖掘。“大智移云”使集财务、管理、业务于一体的企业成本管理信息系统实时决策成为可能，有效提高了决策的时效性、科学性与准确性。2015年，我国制定了《中国制造2025》战略纲领，企业如何利用“大智移云”技术进行流程再造、管理革新、价值发现与决策支持，达到降低企业成本和提高企业价值的目的越发成为企业界所高度关注的问题。本书基于“大智移云”技术的应用，探究其对企业成本管理的创新及应用。

1.1 制造业成本管理研究背景

1.1.1 制造业供给侧改革不断深化

近年来，我国经济中总需求和总供给的不平衡现象仍比较明显，需求和供给之间未形成良性循环关系，借助于传统的消费、投资、净出口“三驾马车”，对于经济发展的促进作用虽然明显但仍不足以达到预定目标，经济增长逐渐呈现下降趋势，传统供给虽然能够较好地满足低端需求，但是对于中端乃至高端需求仍不能有效达到要求，最终导致这部分需求由国内产品转向国外产品，进而出现国内相关制造业的制造成本上升、低端产品制造产能过剩等严重问题，供给侧改革成了我国经济增长与制造业有序发展的必然选择。在确保经济增长健康有序进行的前提下，供给侧改革需要着重考虑当前制造业的需求变动，进而针对生产供给一方进行相应改进，提升产品供给质量和能力，加快制造产业发展，增强促进经济增长的动力，保障需求端与供给端的协调耦合发展。供给侧改革的主要目标是挖掘供给侧的经济发展动力及探索推动经济发展的推动力（如创新驱动、人力资本投资、全要素生产率的提升、发挥生产要素的组合效率等），构建实施有效供给的长效机制，建立激励体制，持续释放企业活力，逐步规避信息不对称、道德风险等机会主义行为，增强有效供给的质量和效率。供给侧结构性改革的核心问题在于有效集成和衔接供给侧改革目标与主要任务，具体而言就是：通过提高全要素生产率实现降低成本的目标，通过提高供给体系运行效率实现补短板、去产能、去库存的目标，借助于释放企业发展活力而实现去杠杆与降成本的目标。

实体经济是一国经济之本，实体经济中企业是行为主体，发展制造业是实现实体经济发展的重要途径，制造业在增强国家整体创新能力上发挥着决定性作用，它是技术创新的主要来源。供给侧改革的主要思路、主要目标和主要任务为我国制造业的发展提出了新的要求和命题。当前，制造业创新活动面临较大的生存压力，面对动态变化的生存环境，普遍存在产能过剩、供需不符、资源要素差错配置、要素结构不合理和扭曲等不利于创新的现象。主要特征就是制造业的供给不能保证其现实需求，供给的产品主要集中在低端层次和级别，产品处于全球价值链的低端环节；产品附加值和技术含量较低，不能有效满足社会对中高端产品的需求；科技成果转化效率较低，缺乏知识产权成果和核心技术，大量的核心技术依赖进口。低迷和低下的创新能力是制造业产生上述现象的主要诱因和根源。对于制造业而言，创新不足是制约和抑制创新活动与发展的主要瓶颈，也是制造业发展存在的最大问题。

针对我国制造业产能过剩的严重问题，我们需要辩证地来看待。一方面，针对低层次的过剩产品，我们需要及时清理相关落后产能企业、加快淘汰落后产品；另一方面，针对供给不足而需求十分强烈的高层次制造产品，我们需要着重建设、加快发展。尽管我国先进制造业发展速度较快，但仍存在许多不容忽视的问题，如相关产业核心技术以及关键器材对其他国家相关企业存在一定的依赖性，我国制造业增加值率和劳动生产率都远低于发达国家，而且自主创新能力不足，缺乏自主知识产权。尽管对于部分先进制造产业而言，其发展水平已经位于世界前列，但是核心技术对于国外的依赖度仍然较高，先进制造业是我国制造业转型升级的方向，这些制造产业核心技术的发展以及自主研发能力的培养，还需要投入大量的人力物力于行业研究之中，以解决当前“进口技术出口产品”的窘境。生产性服务业可以把专业化的人力资本和知识资本嵌入先进制造业中，提升其运营效率和核心竞争力，但当前我国先进制造业与生产性服务业融合程度不够，抑制了我国先进制造业自主创新能力的提升。就改革开放以来我国制造业的发展来看，传统贸易加工方式导致了先进制造业与生产服务业两者间的割裂，先进制造业的发展也因此严重滞后。因此，对于该行业的供给侧改革，应当着重关注核心技术的自主研发能力以及相关零部件的自主生产能力，进而推动先进制造业与生产服务业的良性互动、协同发展。

总之，我国的供给侧结构性改革，需要产业结构转型升级。我国制造业产能过剩的问题，已经不仅仅是有效需求不足，而是产品的质量和层次满足不了消费者的个性化需求。在化解产能过剩、清理“僵尸企业”的同时，还需要提升制造业产品的质量和层次，实现制造业产品需求与供给的有效匹配。同时，还要在“中国制造 2025”背景下，建立先进制造业与生产性服务业深度融合的制造业体系，实现先进制造业与生产性服务业的协同发展。

1.1.2 工业制造智能化不断推进

改革开放至今，中国制造业取得了举世瞩目的成就，无论是制造业的整体规模，还是技术含量，均实现了巨大跨越。就发展战略而言，我国制造业发展经历了高速的发展变迁，由一开始的来料加工、以牺牲市场为代价换取相关制造技术，到如今的世界制造业第一大国与贸易强国，以科技创新助力新型工业化发展，再到以发展智能制造谋求引领全球制造业变革，中国制造业在开放包容中实现规模扩张和质量提升。在产品质量的稳步提升以及产业结构的逐步优化中，我国制造业逐渐融入世界贸易体系之中，行业生产总值逐年稳定上升，充分体现了高速发展的行业趋势，我国也由此走向世界制造业强国与贸易大国之路。在当今世界发展全球一体化的时代，趋势与危机并存，我国制造业虽然始终保持着稳定发展的良好态势，但是仍旧存在许多困难有待解决。首先，我国劳动人口总数在最近几年逐渐呈现递减趋势，在传统人口红利消退的同时，国内生产要素成本也逐渐上升，制造产业的先天优势因此逐渐丧失；其次，制造业领域对于相关人才的培养力度仍旧有待提高，相关人才缺失以及产业创新优势不足并存，制造产品必然缺乏竞争优势，我国产业仍旧处于价值链中下游水平；最后，针对制造行业相关企业的税负严重、部分企业产能过剩明显等现象也始终影响着我国制造业的健康发展。面对转变发展方式、转换增长动力以及优化经济结构的目标，思考如何破解以上问题与桎梏，对于我国制造业的稳定发展具有不可忽视的实际意义。而智能制造作为我国制造业在当今时代高速发展的核心技术、关键步骤，将对我国制造业的高水平、高质量发展以及相应竞争力的提升产生重要影响。

近几年国家逐渐重视“互联网 +”技术的发展与普及应用，并呼吁积极促进制造业与互联网技术的有效互动，以智能制造为目标发展制造业，将其作为制造业发展的重点方向与主攻内容。一系列重要文件预示着制造业智能化将成为中国制造业未来的发展方向，推动着制造业生产方式的重大变革。纵观中国制造业发展乃至世界制造业发展的智能化历史进程，制造业在智能化方向发展的历程与阶段都需要较长的时间。另外，借助于不同时代高新技术的研发、引进激发行业发展转折，长时间的技术积淀为下一个阶段的跃迁做好了充分准备。而中国制造业智能化的发展更多的是以国家政策文件引导作为开端，体现了中国社会主义市场经济下制造业发展的特点。同时，就中国制造业的发展来看，智能化发展起步慢、耗费时间长，主要源于国内制造业实力不足，缺少成规模的产业带发展，技术成熟度较低且对外技术依赖性较高。

制造业智能化发展需要坚持以最新信息技术作为技术基础，充分利用先进制造工艺与手段，以全新的技术与活力带动产品从设计、生产到销售的整个流程，涉及范围较广，包括制造过程、生产系统以及运行模式等内容，并具备即时信息感知、决策自动优化以及生产控制精准化等优势。借助敏锐的智能传感系统以及控制系统，智能制造能够实现生产流程的感知、决策以及分析等一系列自发智能机器行为，以此有效降低生产过程中的人工响应时间，并及时反馈生产环节详细信息，积极促进企业运营效率的提高。根据主体对象不同，可将智能制造划分为三大类型，首先是智能制造设备，智能设备对于产业制造智能化的影响是不言而喻的，智能传感机器人、智能生产流水线等设备对于提高生产流程自动化程度与生产效率具有重要意义；其次是智能制造系统，即结合智能设备与相关的物理信息技术，形成与生产流程需求相适应的智能配套系统，能够通过系统运行满足高效的业务流程学习与优化，并结合技术更新与产业变动，实现系统内部的自我革新与发展；最后是智能制造服务，即结合物联网技术，借助互联网优势实现与整个产品流程线的有效连接，同时也能够根据个性化需求提供不同的定制产品，以此推动产业生态的建立与发展。智能制造企业对于产品的监控需要覆盖整个产品生命周期，将相关供应链物流与企业生产流程有机融合，积极带动串联业务与制造过程，使得制造企业整个运营流程能够保持敏感、智能、高效的特性，从而积极推进生产效能的改善。

应对经济全球化的高速发展与全球经济环境的急剧变化，世界各国针对制造业发展均提出不同程度的激励措施，力求通过政府与行业组织、企业等各个主题的良性互动促进制造产业智能化转型与发展，以及激发制造企业生产活力，发挥行业竞争优势，以提高我国制造企业在全球制造业市场中的竞争能力。就中国而言，根据《中国制造 2025》规划，我国应当坚持以推进智能制造作为发展主攻方向，积极推动新型制造体系的建设。这也进一步说明了智能制造逐渐成为制造业未来发展的重要趋势与竞争优势，并进一步带动了制造企业相关运营管理模式、生产经营方式以及产业发展形态的进步与改善，并有可能以此改变当前工业经济全球化的世界格局。

制造业智能化具有丰富的内涵。从制造业智能化的概念出发，我们可以得到几点基本认识：一是基础要素投入是制造业智能化的基础。智能制造仍然属于制造的范畴，是以商品生产为中心的，而为了实现生产所采用的物联网、人工智能等技术手段只是提高各生产环节效率的附属品，因此智能制造的基本要素投入仍旧是人力资本以及产品相关的生产资料。二是软件技术开发与应用是制造业智能化提升的关键。强调人工智能技术的应用与实现，要求新一代信息技术和先进制造技术进行融合，而这又需要落实到软件应用的开发与使用，如自感知等类人思维与行为是软件技术应用的高级形式。实现制造业智能化转型升级关键在于智能软件的开发与应用，硬件智能化升级替代了体力劳动，而软件智能化升级则替代了脑力劳动。三是经济效益与社会效益是制造业智能化发展的目的。智能制造涉及内容不仅是相关设备的投入与信息技术的应用，而且其还代表了制造业在发展过程中对于劳动生产效率改进的追求，所以还应当关注智能化改进后能够产生的经济效应乃至社会效应，使智能制造在制造行业以及市场运行中充分发挥其自身价值。中国制造业的高质量发展应当以制造业智能化为契机，带动制造业新一轮的技术创新，将智能制造技术贯穿制造全流程，达到制造业智能化引领产业实现转型升级的目的。因而，反映经济效益和社会效益的市场实践层面也是制造业智能化内涵的重要方面。

1.1.3 5G 物联网的应用与普及

随着 5G 通信时代的到来，最直观的好处是给移动用户带来了更快的数据传输体验，5G 通信以其超越前代技术的高速率、大容量以及低延迟的优势，积极地推动我国各行各业朝着信息化、智能化方向发展。5G 技术带来了更快的数据传输，成为未来网络需求的主要技术，其拓展了物联网网络层数据传输的平台，在一定程度上加快了物联网业务发展的步伐。基于5G技术的物联网具有快速性、便捷性和经济性的特点。快速性：基于5G的物联网能够克服以前网络层在数据量庞大时处理能力不足的缺陷，由于5G网络大规模MIMO技术的优越性，所形成的天线阵列能够在很大程度上满足大量设备在其中的应用，使数据传输速率大大加快。便捷性：5G网络的部署与优化可以利用现有的布线规划，不需要大规模拆毁改造，实施过程相对便捷。并且5G通信网络通过毫米波进行通信，能够减小通信设备的体积，促进通信设备向小型化、便捷化发展，使得设备间的信息交换更加方便快捷。经济性：物联网设备可以借助5G网络直接与5G手机连接，通过5G基站提高信息的实时交互能力。通过5G技术，很多路由器、交换机等网络设备可以省去，极大地减少了网络层设备的成本。

作为电子技术与无线网络技术相互交融发展的结果，物联网技术可以借助于目标产品中植入的电子芯片，即时获取主体相关信息及其变化，并通过芯片与无线网络技术将不同物体有机互联，在信息汇聚后借助相关设备终端进行控制操作。物联网仍然是在互联网基础上衍生出的网络，是实现了物与物之间连接的互联网。物联网通过智能技术、大数据等的应用，将物品从产品变成“网器”使物品能够收集信息并与物品交互，这样的交互能力也离不开工业互联网的支持。物联网需要的经济环境是体验经济和社群经济，需要在大数据中着重分析自身用户的小数据，然后根据用户的需求定制个性化的产品，这一切的前提都需要企业集中研发创新，为客户的需求提供必要支撑。因此，物联网在物品与物品之间实现了“零距离”。

物联网技术在邂逅5G技术之后，能够更加充分地发挥其技术优势，深化物联网技术在各个行业领域的具体应用，充分提高企业在行业竞争中的技术优势，可应用于日常生活、智能交通、智能医疗、智慧农业和工业制造等方面。智慧家庭是最早被提出的物联网应用场景，家庭中所有物品都被装上电子标签，通过管理系统联系在一起，家庭成员可以随时掌握任意物品的情况。水表、电表、煤气表等也可以连接到管理系统中，通过远程查询传递和处理信息。家庭内部的物品可以通过窄带物联网接入管理系统，与手机、汽车等联接的物品通过移动互联网接入管理系统。智慧社区包括智慧物业管理、智慧养老服务等，可利用5G网络实现防火防盗系统、停车管理和公共设施管理，确保信息交互的实时性；同时，对社区老人的生活状态和健康情况进行远程监控，及时对其提供需要的服务，特别适合独居或孤寡老人。物联网在智慧城市的应用主要体现在空气质量监控、饮水质量监测、市政设施管理等方面。

1.1.4　市场需求变化节奏不断变快

纵观我国市场发展历程，市场需求也处于不断变动的过程中。在改革开放初期，市场主要由国商合营企业主导，其突出的问题是买东西难、在外吃饭难、住店难，能够满足人民日常需求的商品采取定量供应的方式，完全通过市场经济主导的商品比较匮乏，呈现典型的供不应求趋势。而随着改革开放的逐步深入，我国坚持实施一系列政策以求扩大内需、拉动消费、确保经济增长、普惠民生，在此背景下商品交易活动逐渐开始活跃，市场经济得到了前所未有的发展，中国经济也由此进入高速增长的全新阶段；但是，经济增长仍然存在经济下行、增加动力不足的现象，经济增长缺少升级助推剂，在这样的时代背景下，中国制造业的升级不仅是行业自身发展的重点，而且也是推动中国经济高质量发展的主要动力。

近几年来，我国经济逐渐进入高质量发展阶段，工业化已进入后期，重工产业建设基本完成，中国制造业在供需两端受到的潜在制约也逐渐显现出来，传统的投资需求刺激经济增长的驱动形式逐渐呈现乏力趋势。与此同时，在金融危机以后全球经济发展缓慢又恰逢新冠肺炎疫情，全球化市场对于国内制造业产品的需求仍然处于低迷状态，持续已久的中美贸易战也对我国高新制造业的发展产生了较大的冲击，制造业在国际环境的重重压力下，出口需求呈现出了明显的下降趋势。在此情况下，国内制造业的发展与升级更加需要关注国内的需求变动，以满足国内制造业消费品需求的数量增长与质量提升。

在制造业的发展阶段变化以前，日益增长的大量需求推动了以工业耐用品为主的制造品消费增长，进而激发了计算机、通信、家电等各类耐用品制造业的发展活力，并为我国劳动力市场创造了大量的就业岗位，积极提升国内劳动力效率，而这些企业的发展与竞争也将产生正向的反馈作用，有序完善企业内部生产的分工协作，充分提高生产各环节的运营效率，并激发企业业开展产品研发工作的动力。与此同时，对于制造品的消费需求增长，同时也会带动商品相关投资品以及原材料需求的增加，影响范围甚至能够涉及整条供应链，在其相关邻域激发生产活力，吸引大量就业人口，以供应链整体运营效率的改善提升制造业的劳动生产率。综合以上两方面，我国制造业的劳动力生产率在这一阶段获得了飞速增长，进而促进了我国制造业的快速升级。但是在进入经济高质量发展的阶段之后，由于工业化进程已近尾期，高额大众消费也逐渐消退，工业产成品市场逐渐呈现饱和状态，制造品消费率也出现回落倾向，一直依靠消费需求高速增长而推动发展的制造企业以及相关企业便首当其冲，所以关于制造业的劳动生产率的增长率也开始降低。这也意味着，在进入经济高质量发展阶段之后，制造品消费需求增长速度的下跌，会对制造业的产业升级产生一定的消极影响，进而冲击了我国制造业的健康发展。

在进入高质量发展阶段后，需求侧逐渐呈现出个性化、多样化的发展趋势，而面对这些新变化，相关消费品制造企业需要结合全新的技术以提高运营效率，满足不断涌现的全新需求。在“大智移云”的推动下，企业可以充分利用其技术优势，及时获取消费需求信息以及产品生产信息，并构建相应的产品数据库，记录产品从需求调研到最终售后服务的所有相关信息，对目标数据进行汇编分析，以充分了解市场需求变动，精准把握消费者需求偏好，力求将潜在需求转变为可盈利的实际需求。在此基础上，政府仍要发挥作用，采取消费补贴、信贷优惠等措施激发国内消费需求增长，尽可能地满足国内消费市场。

1.1.5 制造业影响因素越来越复杂

在经济转型及技术变革的新阶段，企业面临着高度不确定的外部竞争环境，尤其对于制造业而言，虽然部分企业实现了转型升级，但相当多的制造企业仍处于传统的劳动密集型阶段，其转型升级之路迫在眉睫。《新产业新业态新商业模式统计分类（2018）》中明确将先进制造业划分在“三新”的范围内，因此制造业急需通过商业模式创新实现转型升级。

首先，制造业商业模式创新影响要素的作用机制仍不明晰。高度动荡的外部环境给制造企业带来了较大的竞争和生存压力，迫使企业快速地对内外部资源进行调整优化，因而提高了制造企业商业模式创新的可能性；同时，高度动荡的外部环境往往伴随着巨大的压力和风险，使制造企业倾向于维持现有模式的稳定，进而阻碍了其商业模式创新的进程。之所以会产生矛盾，原因之一可能是学者们在探究制造业商业模式创新的影响要素时，往往探讨的是单个要素或两个要素对商业模式创新的影响，而未将多个要素组合起来考虑。

其次，在探究制造业商业模式创新的影响要素时，往往将商业模式创新视为一个整体，忽略了商业模式创新不同阶段的特征差异。当前已有学者对商业模式创新阶段的划分展开了研究，如将企业商业模式创新过程细分为商业模式创意、扩展、调整及终止四个阶段。尽管已经对其他领域商业模式创新的阶段进行了划分，然而针对制造业商业模式创新的研究却仍缺乏阶段性特征的充分考虑，这样就无法具体指导制造企业依据其所处的商业模式创新阶段选择有效的管理措施。

企业要取得商业模式创新的成功，必须要最大化地利用组织内外的资源，强化与外部行为主体的合作交流。基于资源基础观，资源是企业间存在持续性差异的重要原因，也是区别于其竞争对手的集中体现，因此企业想要在高度不确定的环境中实现创新，最关键的是企业拥有的稀缺的、无法替代的资源和能力。商业模式创新是调整优化企业内外部资源以获取新的商业机会和竞争优势的创新活动，因此丰富的技术经验、雄厚的人力资本、良好的制度文化等资源基础将成为制造企业应对风险、实现商业模式创新的重要支撑和关键推动力。

企业内部稀缺的、特有的资源和能力是导致彼此之间绩效差异的重要原因，也是企业勇于突破传统、尝试商业模式创新的重要支撑。此外，创新者的力量在企业的生存发展中也不容忽视，无论是技术、制度或模式的创新，都离不开创新者的参与和决策，因此有必要从企业家精神视角出发，探究凝聚在创新者身上的企业家精神对制造业商业模式创新的影响。

企业是嵌入在外部环境中的，因此企业的商业模式创新不仅受到资源基础和企业家精神的驱动，而且还会受到外部行业环境的影响。在其商业模式创新的过程中需要持续不断地从外部环境获取新的资源和信息，因此企业发展创新的过程与外部环境的动荡性密切相关。环境动荡性是指企业面临的行业环境的变化速度和不稳定性或不可预测性，可以通过技术和市场的动荡性来阐述环境动荡性。

1.1.6 制造决策依赖更多的信息

制造业在我国三大产业中一直处于主要地位，是国民经济和社会发展的重要支撑。改革开放后，中国制造业实现了近40年的高速发展，并且在2010年成为世界第一的制造业大国，逐步建立了有中国特色完整的工业体系，也是全球所有国家中唯一拥有联合国全部工业门类的国家。然而，尽管我国的制造业规模庞大，体系完整，但和欧美发达国家相比实力并不强，主要是由于缺乏核心竞争力，并且工业自动化与智能技术创新能力有待提升。21世纪以来，信息技术的发展迅速且引人瞩目，在信息化浪潮的推动下，传统的社会生产力和生产关系也在悄然变化。根据国外的发展经验，信息化的飞速发展会强力带动传统产业转型，通过不断优化产业结构，进而促进经济增长。目前，如制造业这样的传统行业信息化已经成为经济社会发展的必然潮流，制造业信息化成为我国实现伟大复兴的必然路径和核心内容。虽然前景可观，但是制造业依然面临着信息化带来的挑战，从德国的“工业4.0”到美国的“工业互联网”，一场基于数字化技术的工业革命正在席卷全球，在全球的制造业竞争危机中，中国应该以积极的态度发展产业信息化，应对其挑战与机遇，确保制造业与信息技术的良好互动，协调好工业化与信息化的发展建设，实现制造业转型升级的战略目标。

基于信息化的全球经济一体化，能使制造业突破传统车间—企业—社会—国家模式的限制，在全球范围内优化配置资源，提高产业链中的附加值，并参与全球协作。在全球化分工协作背景下，竞争市场逐渐向国际化发展，世界各国的制造业相互渗透，寻找自己独特定位与价值。互联网打通了信息交流渠道的各个节点，使生产线实现更好的沟通、协调和控制，信息化制造模式能够促进生产组织方式及要素的弹性配置，实现生产效率最大化和资源配置最优化。

首先，提高运营效率。信息化管理不仅可以将制造生产中的众多节点连接起来，以大幅降低企业运作成本，提高企业内部运营效率，还能通过信息化实现制造企业流程再造，具体包括业务活动辨识、业务过程建模与仿真、业务流程优化与业务活动评价等企业运营环节。信息化可以突破企业职能部门间的界限，在部门边界上发掘企业潜能，打造企业运营优势。其次，促进组织创新。制造企业信息化不仅节约了生产成本、提高了运营效率，还推动企业组织创新，使组织结构向扁平化发展。信息化通过缩减管理层次、缩短指挥链条、减少管理人数，从而缩短信息传递时间，提高决策层与基层部门的沟通效率，提高企业面对市场波动的反应能力。最后，创造附加价值。信息化可以带来附加价值，为客户定制产品与服务组合，促进制造企业转型升级；资源的使用不再是单纯的机械加工，而是更多样化的循环利用；附加价值的输出不再是可视化产品，而是整体服务方案。借助信息化技术，企业可以在庞大的信息海洋里寻找用户的购买习惯，判断用户的消费心理，预测用户的未来行为，提高企业销售额，创造隐性价值。

1.1.7 企业产供销管理越来越精细

以核心企业为中心，供应链涉及相关的信息流、资金流以及物流的管控，从初始的产品原材料采购，到半成品乃至最终产品的生产制作，再到最后各级经销商将产品销售至不同消费者手中，整个漫长的过程将供应链上下游的供货商、制造商、经销商以及消费者联接为复杂的网链关系。而对于制造行业来说，供应链则是典型的以大型制造企业作为网链中心，其间围绕着一系列相关的原材料提供商、相关零部件加工商、大型物流企业以及分销商、零售商等各类市场经营活动主体。以汽车行业为例来说，整条行业供应链以知名汽车品牌企业为中心，各类汽车零部件供应商、负责材料运送的物流企业、4S 店为代表的经销商等各类经济主体则围绕该汽车企业构成了完整的汽车制造业供应链网络，经过整条供应链的通力合作，上万种简单的零部件经由上游传至下游的逐步加工，最终成为功能完善、质量合格的品牌汽车被送至消费者手中。

纵观我国制造业发展历史，制造行业始终处于产品价值链中低端领域，国内行业自主创新能力总体而言稍显不足，企业体量较大但缺乏竞争力，这是我国行业发展多年未变的通病。在工业 4.0 快速发展的浪潮之下，大数据、人工智能、移动互联网等技术接踵而至，行业信息化逐渐成为时代特征，政治、经济、教育等各个领域均开始探索信息化发展。目前来看，市场企业的竞争重点已经逐渐转向分析消费者行为以及产品需求的相关数据及其数据挖掘能力上，将看似杂乱无章的海量数据借由数据挖掘将其转化为可供厂商决策分析的有用信息，是当代企业进行供应链管理应当着重关注的重点，也是厂商面对未来市场竞争的重大挑战。当前基于“大智移云”的行业发展转变已经开始波及各行各业，甚至颠覆了众多领域传统运营方式，原材料采购、商品生产以及产品运输等各个供应链环节也开始趋向于数字化发展，借助相应的大数据平台，对各个运营环节进行实时管控，推动运营流程的高质量、低成本发展。恰逢新冠肺炎疫情席卷全球以及中美贸易摩擦逐渐加剧，不同行业领域对于供应链的管理都产生了不同的看法与观点。与此同时，国家大力提倡“数据驱动、数据赋能”，数字化供应链的理念也逐渐深入人心，这一战略思想也成为目前制造业智能化发展的重要契机。供应链应当始终坚持以用户需求为导向，结合“大智移云”等数字化技术提高资源整合效率，以实现采购、生产乃至销售等一系列流程服务的良性互动、有机整合，充分培养企业行业竞争优势，确保其能够在变化无常的市场竞争中成功转型升级，并提高我国制造行业发展质量。

在我国制造业的平均成本统计中，物流费用大约占1/3，占比较大的物流费用导致部分企业利润被抵消，而且对于技术创新与产品研发的项目经费也遭受影响，因此引入全新的技术手段以降低相应物流成本则是我国制造业发展的必然选择，这也是“大智移云”时代下供应链转型升级的主要问题。就目前制造业的供应链发展战略而言，企业应当充分利用“大智移云”技术的优势，以更加积极的态度发展现代供应链技术，逐渐向数字化供应链方向开展转型工作。如借助物联网及大数据技术的应用，强化仓库网络以及配送系统的自动化管理，实现仓储管理系统的智能化，以解决定点仓库与动态物流之间的信息联通问题，在移动网络基础上实现仓储配送的一体化，有效降低库存成本、改善物流运营效率，充分提高物流信息化水平，将供应链上下游整个环节联通，进而发展为功能完善、环环相扣的供应链生态圈。

对于制造业企业而言，其供应链往往涉及采购、生产、零售等多个相关流程，而传统的大型企业内部管理信息系统虽然能够满足以上需求，但是缺少相应的外延，还需要围绕企业为核心对上游、下游分别进行扩展与延伸。相较于传统管理信息系统而言，供应链管理系统的规划，不再局限于核心制造企业内部管理，而是在此基础上向整体供应链延展，以优化供应链整体运营效率为主要管理目标，搭建完善的供应链管理信息系统。鉴于制造业企业需要在短期内快速应对市场需求变化的行业特征，结合“大智移云”技术的供应链管理系统对于行业供应链而言是必不可少的，只有这样才能保证供应链信息的快速传递，有效共享。在《中国制造 2025》中有提到，我国制造业现在已经处于新一轮的转型升级交汇处，与其对应的供应链也在与时俱进，整个行业发展都在逐渐走向信息化与智能化。而对于智能制造，各制造企业应当根据自身情况确定相应的供应链战略以制定企业智能制造的发展方向，从思想层面上进行企业运行的根本转变，以精准有效的供应链管理策略指挥企业决策活动，推动制造企业紧跟工业 4.0 发展趋势，加快建设高水平的制造业智能化工程。

1.2 “大智移云”技术对制造业成本管理的影响

1.2.1 为企业平台提供全面的数据支撑

企业成本管理在企业运营过程中具有十分重要的作用，而今由于经济全球化、生产一体化、工业 4.0 等时代趋势不断加强，当前以大数据、智能化、移动互联网和云计算为代表的技术手段的发展为成本管理的集成化和颗粒化提供了必要的技术基础。大数据技术可以同时处理更多信息，也可以实现更多维度、更为复杂的成本分析；为实现企业数据资源与互联网的有效联结，云计算技术的应用必不可少，有助于实现针对成本信息的收集、分析以及共享等一系列即时性操作。数据和云计算技术大大提高了成本信息的采集效率，极大地缓解了传统供应链成本管理中广泛存在的“效益背反”问题，为企业进一步拓展成本管理边界创造了条件。“大智移云”技术的引进，可以集中公司不同部门信息，有效解决信息孤岛产生的问题，高效推进企业业财融合发展，进而推动财务数据共享中心得以建立。就目前而言，“大智移云”技术，以互联网、大数据技术为基础，依靠强有力的系统支撑和大量的数据资源，实现公司业财融合管理；同时进行组织架构、财务流程、财务制度等的标准化和统一化建设，助力企业精细化管理；推动建立全球集中支付中心的落实，提升财务的运作效率和质量。在此财务共享中心下，以精确的业财数据为基础，打破业务与财务壁垒，建立企业内部的管理集成系统，对数据资源进行统一整合，消除信息孤岛；同时，利用大数据技术构建合理有效的数据结构，建立数据之间的关联，搭建生产管理所需模型，大幅提升管理会计信息的价值和有用性；最后，为公司管理做出更有效的决策提供信息化、智能化和科学化的支撑，确保公司生产管理全程可追踪、过程可管控和结果可预测，加强公司成本管理。

1.2.2 对企业运营进行数据跟踪与分析

在“大智移云”的高速发展背景下，企业应当与时俱进，充分利用大数据优势及其技术，打造层次分明、功能完备的不同数据层面，深挖成本信息，利用大数据对企业运营进行管理创新。一是搭建数据收集层，利用网络数据收集及储存设备，收集实时的成本数据，并将其储存在大数据中心；二是建设相应的大数据传输层，通过依靠以信息技术为支撑的网络设备对企业相关数据进行传输；三是建设高效的大数据分析层，将初始储存数据进行相应的数据处理与加工，输出数据分析结果，以支持后续业务决策，有效降低企业运营成本；四是建设有效的大数据应用层，在相关信息进行有效处理之后，将数据处理结果应用到相应的服务终端，以提高企业软硬件的运行效率，有效提升服务质量，积极推进企业转型发展，并塑造企业的核心竞争力。

高效的企业运营依托于类型多样化的大数据支撑，而在数据汇聚的财务数据共享中心环境下，企业生产经营管理所需要的管理会计信息依托于以能提供差异化的多维度的大数据作业成本管理体系。管理会计所提供的信息越精确，应用价值也越高。而作业成本法对企业进行了价值链分析，将成本计算深入到作业层面，可以对所有作业活动进行追踪并动态反映。这样的成本核算方法能比较准确地匹配设备投资和研发成本等，适合企业成本核算体系。

1.2.3 对企业效益进行科学统计与建模

传统的企业效益统计工作往往是经过人工完成，期间需要经过自上而下的目标传达以及自下而上的层层数据汇编与审核，整个业务流程需要跨越较长的时间段。而通过将业务管理系统构建于云端，其各个层级的操作都能够实现云端操作实施，所有的程序和变化都是共享的，信息不再独立于不同的系统之中，打破了信息传达的障碍。上级和下级的沟通实时进行，所有的进程清晰可见，将会大大降低财务数据汇编所耗用的时间和沟通成本，提升数据编制效率。通过与生产销售采购等不同管理系统信息之间的互通互联，以及外部市场信息之间的实时挖掘分析大数据技术，将为各个部门的业务数据编制工作提供强有力的数据分析支撑。基于云的业务数据管理系统构建将为企业真正实现以战略为导向的经营数据管理提供技术支撑，从而改革传统的趋于应付式的数据编制流程，提升数据编制的水平。同时，借助于物联网的建设和智能制造的变革，使每一台设备，每一部车辆都成为预算信息的反馈源，极细颗粒度的数据，能够使数据编制工作更为精准。每个员工都具备充分了解工作流程的技术条件，都是一定意义上的资源配置者和管理者，对于带动员工工作积极性具有十分重要的意义。并且借助于人工智能优势，能够实现自动处理大量重复但规则固定的工作流程，以高效进行证件票据验证、纸质文件录入、提取数据、数据迁移，还可以进行报表汇报，从内外网抓取信息整合为Excel、Word和PPT，适用于财务报表、销售业绩汇报分析报告和人力资源报告，可以大大节省营业数据汇编工作的成本，提高整体办公效率。除此之外，在预算管理和系统中部分模块之间建立接口，可以在一定程度上降低其内控风险，同时也在一定程度上降低了集团的运营成本，优化了企业内部流程，促进集团财务管理的优化转型。

1.2.4 对企业成本进行持续监控与增效

众多大型企业呈现出集团化运营的特征，随之而来的是企业多元化经营的步伐加快，分支机构数量也越来越多，因此不可避免地会出现“大企业病”，具体表现为成本不断增加，管控难度加大，企业经营风险上升，股东与管理者之间的信息不对称问题更加严重，企业利益相关者的知情权受到挑战，管理成本的增加严重阻碍和制约了企业集团的进一步发展，因此，企业成本管理转型和业务流程再造的工作迫在眉睫，急需从全产业链的角度进行资源动因分析和作业动因分析，从而识别不增值的作业，为企业的业务流程再造提供依据。企业会计也逐渐呈现智能化趋势，坚持以数字化的财务数据为业务基础，传统的成本核算与财务分析工作通过高效的计算机软件进行处理，将数据处理结果提供给计算机使用者以便进行成本管理分析，进而推动企业成本精细化管理的实现。将所有的业务以及各活动定额作为预算支出制定的标准，不断优化成本管理模式向精细化方向发展，探索全员整个流程分环节的成本控制方式，通过积极改进企业成本管理措施降低运营成本、提高效率、完善生产经营管理模式。

随着制造业信息化程度的逐渐加深，“大智移云”技术在企业生产经营活动中的应用越来越广泛，与企业数据资源密切相关的财务工作也逐渐与其他企业业务紧密联系，因此需要建立起标准化的财务工作体系与准则，以适应业务改进需求，提高企业财务办公的效率。首先针对财务成本管理组建对口职能机构，将相关财务工作进行细致划分、精细分工，并加强部门之间关于财务工作的紧密联系；然后加强相关人才培养力度，积极引进财务信息化人才，通过集体培训、技术宣讲等系列活动提升企业员工整体信息化水平，进而拉动日常信息化办公效率。近几年，凭借云技术优势建立的网络财务数据处理平台与软件层出不穷，为企业财务运营管理提供了更加高效便捷的工具，企业资金流动的透明性、科学性也获得了保证，企业能够通过数据的实时监测与分析更加准确地了解自身运营状况，并根据具体需求与环境变化及时改变运营策略。以数据处理中心为基础建立完善的智能化网络系统，进而实现各个业务流程的优化，精简业务实践活动，尽可能地减少简单重复的低效劳动，既能减少企业员工工作量，也能简化人力成本投入以及相应的工作监督成本，以互联网技术优势推进企业管理的智能化发展建设，保证企业员工及管理者能够更加专注于企业的核心运营业务上，降低企业运营成本、提升企业运营质量。另外，“大智移云”技术的使用，为企业提供了更加有效的途径与方式去收集运营业务相关的各类原始数据，既能节省初始数据收集工作的前期成本，也能够充分提高获取数据的准确性与全面性，为后期企业的财务成本管理决策提供了可靠的数据支撑。因此，企业在市场竞争中，全产业链的成本管理系统有利于其培育核心竞争力、降低运营成本，从而在全球变化无常的市场竞争中脱颖而出。

1.2.5 对企业计划进行预测与差异分析

信息通信技术和互联网技术的发展有效地推动了资金适时管控平台、企业财务管控信息系统、财务共享中心、资产管控平台与纳税风险在线监控系统的建设与应用，并充分发挥了物联网、大数据挖掘、AR/VR、5G技术、人工智能等先进技术的优势，为财务与会计转型提供了新动能。在“大智移云”的时代背景下，企业财务会计工作能够借助于大数据中心的数据处理优势对企业经营活动进行准确的预测与评估，确保经营目标的制定更加合理化，并为最终的预算编制工作提供可靠的数据支撑；进行基于大数据的实时成本和成本预测；借助财务信息共享中心的数据支撑，可以形成多维度的数据分析，打造内部管理报告指标体系，满足对企业生产精细化管理的需求，为企业采购、销售、生产等决策提供准确、及时、全面的信息支撑。借助于大数据、人工智能等先进技术，企业能够实现生产制作的智能决策，即结合企业内部产生的数据以及企业外部采集的相关业务数据，汇集于大数据处理中心，并构造相应的数据挖掘算法进行数据分析，之后藉由可视化图形等直观方式向用户呈现最终的数据分析结果。通过建设财务共享中心实现管控与服务并重，提升企业价值；通过实施业财融合，实现信息的一体化，形成统一的数据视角，打通业财信息壁垒，以“科目+维度+业务”的最小单元聚合业务和财务信息，通过画像实现业务信息标签化，通过数据中台实现业财信息一体化，确保制造业每笔开支与每项业务活动的成本、价值与业务量都是信息完备且相互关联。实现企业从“纵向管控”为主到“纵向管控+横向融合”的转型升级，从而构建财务大数据平台体系，打造智慧财务企业运营与决策支持平台，推动企业管控模式转变和管理会计的落地，实现精准、可视、智能决策和企业价值的提升。

1.2.6 对企业供应链决策提供数据支持

在“大智移云”时代，企业传统的成本管理模式受到了巨大挑战。为应对新形势下成本增加的挑战，企业成本管理应该从粗放式向精益化、共享化、数字化方向转变。围绕上述目标，企业应充分利用大数据和物联网等相关技术，构建一个包括成本计划、成本核算、成本控制、成本分析与考核以及成本决策等功能的一体化成本管理系统。该系统的构建原理应体现价值链分析的基本思路，即通过“大智移云”技术，对原料采购、产品研发、产品生产、产品销售与配送、售后服务等全产业链各个环节分别进行资源动因和作业动因分析，以辨明作业的功能和增值性，进而明确进一步整合产业链的机会和方向。借助“大智移云”技术，可以大大提高全产业链各个环节的成本信息采集效率，从而打破企业与供应商、经销商与客户之间的藩篱。只有实现与产业链上下游企业之间成本信息的实时共享，企业才有可能从整个价值链的角度，以流程和作业为基础对成本和价值进行集成管理，并真正获取竞争优势。供应链的成本管理需要企业从全局性层面着手，注意协调供应商、分销商、运输商以及消费者等多个活动主体之间的相互关系，并将物流运营以无缝式管理的方式进行操作，这不但有利于充分激发供应链的竞争优势，同时也能充分提升供应链整体的物流管理水平。由此可见，在“大智移云”的时代背景下，企业成本管理应当注意立足于整条供应链，以各业务流程为中心，并以整体价值的创造作为运营目标，多种功能与多维技术相统一的综合性成本管理系统，有利于加强集团管控，促进集团在财务、业务和战略三个方面的整合。充分利用“大智移云”等信息技术优势，在“大智移云”的技术推动下实现财务和经营管理之间的有效整合，降低资金风险，在一定程度上实现企业价值的最大化，提高综合竞争力。

2

成本管理的内涵与外延

2.1 成本管理的历史演进

经济越发达，会计越发展。事实上，成本管理是管理会计的重要内容，并被视为管理会计的前身。正如会计的发展有赖经济的增长一样，成本管理的实践亦产生于经济环境变化的需要，并在其后总结为成本管理理论。而成本管理理论能反过来指导企业的成本管理实践。因此，经济环境的变化和发展导致对应的成本管理理论与实践也要与时俱进。

我们将成本管理的历史演进路径细分为五个阶段：制度确立阶段——科学管理阶段——责任考核阶段——目标管理阶段——理论跃进阶段。

2.1.1 成本管理的确立基础（见表2－1）

表2－1 成本管理的确立

背景	14世纪至15世纪，资本主义萌芽在西欧产生 意大利同西欧各国乃至东方国家的贸易往来日趋频繁。各类商业交易活动的发展与繁荣要求相关记录，从而出现了会计复式记账法

续表

标志事件		1494年，帕乔利在《算术、几何、比及比例概要》一书中首次比较系统、全面地对威尼斯式簿记作了总结，并形成复式簿记基本框架与思想的专著
意义	过去	只在一个账户中记录的单式记账法，适用于经济业务简单的个体、家庭
	将来	复式记账法能够全面反映业务和资金的来龙去脉，还能够试算平衡便于对账

这一阶段人们生产力水平较低，在产品交换过程中，尚未对管理活动本身进行总结和梳理。

2.1.2 成本管理的初步尝试（见表2-2）

表2-2 成本管理的初步尝试

背景		16世纪至17世纪，西方资本主义国家工场手工业，尤其是冶金、纺织、采矿、制盐等行业的高速发展，需要投入更多的生产要素，生产规模更大，劳动生产率也明显提高。因此，如何精确计算生产投入和产出，成为会计所面临的一个新问题。这样，成本会计也就应运而生了
标志事件		1555年，法国人克里斯托费尔·普拉廷在安特卫普创办“普拉廷”印刷厂，1563年改为合伙企业。他建立了成本核算程序： ——设置了原材料账户（料） ——设置了反映工资支付情况的工资账（工）
评价	进步	人们产生了精准、量化成本的需求，并建立了专门的成本账户
	不足	由于间接费用不大，往往在成本核算中被忽略不计

2.1.3 成本管理的制度建立（见表2-3）

表2-3 成本管理的制度

背景	18世纪中期，英国爆发了工业革命，标志着资本主义手工业向资本主义机器作业的快速推进。生产方式的变革与生产力的显著提高，进一步促进了社会经济的变革，市场经济关系与公司经济关系的复杂化，促使了生产与经营向系统化、社会化、大规模化的方向发展 由于工业革命及规模经济的影响，工厂制度开始建立，由此带来对会计信息的新需求——因为缺乏有关企业内部发生的加工过程的价格信息，企业主设计了一些指标（如每小时成本或者每磅成本），把人工和材料成本分配到最终产品上，从而总结出总的效益 这些指标被用来激励和评估那些监督内部加工过程的管理者以及激励员工达成生产力目标

续表

<table>
<tr><td colspan="2">标志事件</td><td>1887 年，英国企业家埃米尔·卡克及其主办会计人员 J. M. 费尔斯合作出版了《工厂会计》。该书为后来成本与复式簿记的结合提供了思路
英国人 Cronhelm 在《制造业的经济》一书中认为，由于工业逐渐机械化及分工原则的应用，企业竞争日趋激烈，所以制造业者必须了解各步骤的成本，通过改进生产方法来控制成本，这是成本控制最早的文献
1750 年，在《会计人员或簿记方法》中引用制鞋厂将每种规格鞋子按不同的批次计算价格的例子，介绍了分批成本法的计算方式，形成了现在分批成本法的开端
最早介绍分步成本计算方法的是英国人 Wardhaugh Thompson。1777 年，他以亚麻制袜为例，从亚麻存货账户开始，经过纺麻、漂白、染色、织袜及修整等各道工序的价值流转，最后算出每双袜子的成本，并在账户中列示了各步骤记载用量、用工数量以及价值的复式分录，可以说是分步成本法的萌芽
F. W. Cronhelm 于 1818 年在《簿记新法》一书中专列一章“单一产品的复式记账”，以毛纺厂为例，叙述了成本计算的简单方法，并最早采用了永续盘存法</td></tr>
<tr><td rowspan="2">评价</td><td>进步</td><td>从宏观上看，工业革命使英国成为经济强国，以机器生产为基础的工厂制度作为企业的主要组织形式；从微观上看，主要是工厂制企业对成本信息的新需求——满足单品种、单步骤和多步骤、单期和多期条件下损益计算、业绩评价和产品定价等方面对成本信息的需求</td></tr>
<tr><td>不足</td><td>对制造费用的分配问题进行了探讨，但是最终因为其数额不大，在产品成本中占的比重较小，没有引起足够的关注</td></tr>
</table>

随着 18 世纪英国工业革命的兴起，生产力迅速发展，机器生产的复杂化以及市场竞争的加剧，促使人们对与产品相关的成本信息产生了更大的需求，如对固定资产的计量、对原材料和存货的价格控制等。因此，传统“倒挤”生产成本的做法已经无法满足生产者的需求，于是真正意义上的成本会计应运而生，首批成本计量方法：分批法和分步法也因此诞生。

尽管 19 世纪之前成本会计的发展取得了很大的成就，但成本会计发展的缓慢是令人惊奇的。主要有以下几个很明显的原因：

第一，在工厂制度的初期，价值昂贵的机器很少，制造费用只占总成本的小部分。

第二，尽管许多成本会计师对发展他们自己的企业起作用，却对企业成本核算方法带有严格保密的倾向，因为成本问题是每个企业和每个行业所独有的，公开本企业的成本计算方法将会对其竞争者有利，这种做法阻碍了新思想的传播。

2.1.4 成本的科学管理（见表2-4）

表2-4 成本管理的科学管理

<table>
<tr><td colspan="2">背景</td><td>从19世纪中叶到20世纪，随着美国在世界经济中垄断地位的确立，美国成本会计发展迅速。此时出现的复杂金属制造业，向成本管理提出了一系列新的挑战：金属铸造和切割车间生产大量不同的产品。过去单一的每磅成本等指标难以真实评价企业业绩。没有标准的或者历史记录说明这些成本是否能够反映企业的生产效率
对于金属制造业，由于产品种类多样，并且由于使用机械化设备和重型设备生产商品的惊人发展，以及股份有限公司这种企业组织形式可以筹集巨额资金，大规模企业将大量资金用在昂贵的生产设备上，制造费用在产品生产成本中的占比越来越大，因此将制造费用合理分配以及使之对象化逐渐发展成为一个难题</td></tr>
<tr><td colspan="2">标志事件</td><td>科学管理的活动：金属制造行业的一群机械工程师发明的科学管理运动弥补了上述空白。工程师通过深入研究生产流程特点，将复杂的生产过程逐步分解，简化了工作流程的同时，工作效率也有所提高，并且管理者能够更加直观地观察工人们的工作
标准成本的确立：1911年，G. Charter Harrison根据Emerson的观念，为Illinois Kewanee的Boss制造公司设计一套完整的标准成本会计制度。其在1918年发表的文章中曾介绍了成本差异的分析公式，并认为标准成本法已由实验阶段进入实施阶段</td></tr>
<tr><td rowspan="2">评价</td><td>进步</td><td>成本会计的重点由核算转向控制，成本控制已逐渐进入标准化和制度化的发展时期</td></tr>
<tr><td>不足</td><td>工程师甘特讨论了制造费用的分配基础，认为应该以多种成本动因率（作业成本法的雏形）计算成本，但受限于信息技术的落后，该种方法未被重视</td></tr>
</table>

19世纪末，美国的商品经济、工厂制度得到极大发展，美国逐渐超越英国登上世界经济霸主的地位。随着企业的规模日益扩大、与落后的企业管理水平之间的矛盾日益激化，在19世纪末，美国掀起了一场“管理运动”。在这次“管理运动”的背景下，泰勒于1911年在《科学管理原理》一书中首次提出了“以计件工资制和标准化工作原理控制工人生产效率”的思想，将标准成本、差异分析等技术和方法引入成本管理中来。随后标准成本管理在成本控制中的突出作用被充分肯定，众多学者经过十多年的理论研究与实践探索，标准成本会计逐步形成。以标准成本为基

础，“预算控制”作为另外一个重要内容，也逐渐被引入成本控制方法体系中来。

这一阶段，成本会计的重点由核算转向控制，形成了事前制订成本标准、事中控制实际成本、事后差异反馈调整的成本控制闭环，其中事中控制为主要环节。这也标志着成本控制进入标准化和制度化的发展时期。

2.1.5 成本管理的考核（见表2-5）

表2-5 成本管理的考核

背景		组织多元化：随着世界经济的复苏，许多公司为了寻求发展，开始向不同领域扩张，其中有很多公司取得了成功，但也不乏失败的教训。因此，选择与实施企业的多元化战略、构建适当的企业组织架构，以及处理企业多元化战略与绩效之间的关系等问题，一直是企业战略研究的重点。因此，责任成本管理方法的诞生促进了多元化、综合性企业的发展
标志事件		1903年，杜邦分析方法的创建：投资报酬率（ROE）① 指标的使用
评价	进步	计量指标的创新将公司目标与其内部分权经营组织的目标连在一起 责任成本管理通过对责权利严格划分，把支出与职工的经济利益联系起来，促使职工增加个人收益的同时，也提高企业的生产效益 责任成本管理根据较为合理的数字测算和分析，对企业管理更加具有实效性和操作性
	不足	实务中，一些责任指标，尤其是非财务指标难以量化、细化，考核指标体系难以做到尽善尽美

责任成本管理是对成本管理对象进行事前预测、事中控制、事后分析一整套流程的全面管理，保证了企业管理的科学性和合理性；责任成本管理改变了传统的平均主义制度，极大地提高了员工的生产积极性，激发了员工的主人翁意识，对推动企业科技进步产生积极影响，这使得企业从劳动密集型的生产方式向技术密集型进行转变。

① ROE=（净利润/营业收入）×（营业收入/总资产）×（总资产/净资产），即ROE=净利润率×资产周转率×权益乘数。净利润率——每卖出一个商品我们要赚到更多的钱；资产周转率——要尽快地卖出所有的商品；权益乘数——借别人的钱买商品然后拿来卖。

2.1.6 成本管理的目标管理（见表2-6）

表2-6 成本管理的目标管理

<table>
<tr><td colspan="2">背景</td><td>20世纪50年代后期，面对美国产品已经占领国际市场和日本市场，日本为了打开市场只能采纳低成本战略。日本人发现产品的绝大多数成本在生产开始之前已经被研发设计所锁定，从而成本控制的重点在研发设计而不是生产，而控制研发设计成本的关键是采纳新的技术和材料</td></tr>
<tr><td colspan="2">标志事件</td><td>将会计方法与工程技术有机结合形成独具日本特色的成本管理模式——目标成本管理</td></tr>
<tr><td rowspan="2">评价</td><td>进步</td><td>目标成本法：（1）有利于提高辨别产品全部成本的能力；（2）有利于扩大对成本的理解范围；（3）有利于在产品设计阶段考虑废弃物处置成本</td></tr>
<tr><td>不足</td><td>实务中，目标成本管理方法有待改进的地方：（1）对目标成本的认识存在偏差；（2）难以实施有效协作；（3）使员工过于疲惫；（4）过长的研发设计时间</td></tr>
</table>

目标成本管理是使日本企业在欧美企业的重重包围下脱颖而出的重要因素。这一极具竞争力的管理工具，具有如下特点：（1）在新产品设计之前就事先制定出目标成本。（2）企业在制订目标成本的过程中，应将其目标放在未来的市场而非今天的市场中观察。制订目标成本要同时参考该行业市场的零售价格水平以及产品的成本，而且需要预测出在未来一段时间内对手在产品定价和成本上可能做出的调整。（3）企业负责核算和控制成本的人员应是对生产产品熟知的财会人员，具备较强的发现降低成本新途径的能力。

这一阶段，成本控制的重点由事中与事后的计算和分析转移到事前的预测、规划与决策上来，由过去的生产导向型逐渐向市场导向型过渡，同时成本控制的范围也扩大到研发阶段，形成了着重管理的新型现代经营型成本控制。

2.1.7 成本管理的理论跃进（见表2-7）

表2-7 成本管理的理论跃进

背景	20世纪70年代，以生产自动化为主要驱动力的第三次工业革命浪潮席卷全球。人工成本占企业总成本的比重逐渐下降，企业需要分配计入不同产品的各项间接费用大幅度增加。这种情况下，一些资本和技术密集型的企业，如果仍以直接人工工时来分配比例不断增大的间接费用，会导致产品成本计算的严重偏差 20世纪80年代，社会经济表现出不同的特征：（1）产品生产饱和，顾客对产品的消费在质量、时间和服务上提出新要求，即要求企业进行“顾客化生产”；（2）科学技术的发展为“顾客化生产”提供了可能

续表

<table>
<tr><td colspan="2">标志事件</td><td>作业成本法：以美国为代表的西方国家的一些会计学者主张采用作业成本计算法，以企业内部各有关单位的作业量为基础对间接费用的分配，其目的是为了确保产品成本计算的合理性和正确性
质量成本法：该理论指出产品质量高低取决于生产技术、人员的操作及产品种类。运用货币与非货币的计量指标可以达到生产效率与产品质量的共同提高
战略成本法：在20世纪80年代初，由英国学者西蒙斯首次提出。他强调企业应侧重与竞争对手的较量，需要收集竞争对手的信息，如市场份额、定价、成本、产量等，还应在实施成本管理时与其制定的战略相契合</td></tr>
<tr><td rowspan="2">评价</td><td>进步</td><td>理念先进</td></tr>
<tr><td>不足</td><td>应用实操存在问题</td></tr>
</table>

20世纪80年代后期，人类社会生活的各个方面发生着剧烈的变化，人们的生活更加个性化，产品的生命周期越来越短，而企业需要考虑的产品的生命周期却在不断延伸。随着企业面临的外部环境风险加大，企业必须站在战略的高度，对企业进行长期、全面、科学的规划。因此，成本控制与企业战略进行了融合，造就了谋划全局的企业战略成本管理，将成本控制的范围不断扩大，包含了产品的全生命周期，通过追溯成本发生的原因来真正达到源流管理、避免和节约成本的目的，形成企业持久的竞争优势。

2.1.8 小结

综上所述，成本管理的每一次变革都与社会经济环境变化有关，与此同时，人们对成本的认识也在不断深入，如表2-8所示。

表2-8　成本管理的演变

时间	历史演进阶段	成本管理的阶段重点	主要方法	贡献国家	全球经济引擎国家
14—15世纪	确立基础	厘清每笔交易、事项的来龙去脉	复式记账法	意大利	意大利
16—17世纪	初步尝试	成本核算程序	设置专门的成本账户	西欧各国	西方资本主义国家
18—19世纪中叶（第一次大变革：工业革命）	制度建立	对直接材料、直接人工等直接成本数据，进行事后的计算与控制	分批成本法 分步成本法	英国	英国

续表

时间	历史演进阶段	成本管理的阶段重点	主要方法	贡献国家	全球经济引擎国家
19世纪中叶—20世纪初（第二次大变革：电力革命）	科学管理	形成成本控制闭环，事前制定成本标准，以事中控制实际成本为主，事后差异反馈调整	标准成本法	美国	美国
20世纪初至20世纪50年代	责任考核	进行事前预测、事中控制、事后分析的全过程全方位管理；责任指标细化量化	责任成本管理	美国	美国
20世纪50—70年代	目标管理	成本控制的重点转移到事前预测、规划和决策，由过去的生产导向型逐渐过渡到市场导向型，同时将成本控制的空间范围延伸到研发阶段	目标成本管理	日本	日本
20世纪70年代至今（第三次大变革：信息革命）	理论跃进	关注的不再是产品成本，而是导致成本发生的作业。企业为了实现其经营目标，必须站在整体的、战略的角度对企业的价值链、价值流进行分析	作业成本管理 质量成本管理 战略成本管理	美国	美国为代表的发达国家 中国为代表的新兴经济体国家

目前，我国正处于第三次技术革命向第四次技术革命[①]过渡的阶段，主要任务是信息技术的广泛应用。企业要生存、求发展，就必须采取不断优化成本管理方法、升级应用信息技术，站在战略的高度进行全面、科学、合理的资源配置。

① 第四次工业革命：是以人工智能、清洁能源、机器人技术、量子信息技术、虚拟现实以及生物技术为主的技术革命。

2.2 成本管理方法综述

2.2.1 标准成本管理

标准成本管理按照生产流程建立原材料和劳动力成本的标准，并且按照科学方法确定的计件基础为标准来控制直接成本。它是可以预测标准量的，并且与实际量进行对比，形成差异反馈，进行分析调整的成本控制方法。标准成本管理系统需要完全按照其中相关的指标对管理控制系统进行设计，并对实际成本与标准成本间的差异进行分析。标准成本管理系统的建设中内容比较多而且复杂，同时需要采购、生产、研发以及财务等部门间的合作。

2.2.2 责任成本管理

责任成本管理是通过明确的分配各个主体的成本职责，并将企业的经济利益与责任成本目标相关联，通过责任分配有效降低成本，达到提高企业效益的目标。责任成本管理是对产品进行事前预测、事中控制与事后分析。将责任指标进行科学的细化与量化，可以保证管理的合理性。责任成本管理打破了传统的平均分配模式，有利于提高职工的主人翁意识与工作积极性，促进了企业由劳动密集型向技术密集型的转变。

2.2.3 目标成本管理

以市场化需求为导向，在产品研发设计阶段采用跨职能部门的团队协作方式，运用市场研究、价值工程、产品功能分析等方法来确定目标利润，并倒挤目标成本的成本管理方法。

目标成本管理是为了帮助企业生产出合理价格的并且匹配顾客需求的产品。首先是确定细分顾客群的共性需求，然后计算研发、生产新产品的整体目标成本，并将其分摊至各个零部件上，最后由产品研发部门综合衡量目标成本以及现有生产条件下的实际成本，寻求降本增效的途径。

2.2.4 作业成本管理

作业成本管理是指同时运用成本分配的财务视角和过程管理的业务视角，将组织层层拆解为流程、作业[①]、任务、步骤、动作等单位，以"作业耗费资源，产品耗费作业"的基础理念进行分析、消除、选择、共享、再造等方法，增加增值作业，消除非增值作业，从而达到提高企业经济效益的成本管理方法。

首先，需要根据国家统一的制度，结合企业自身成本管理需求、绩效考核方式与经营决策情况等来确定成本对象。其次，业务部门与资源供给部门在成本管理部门的统筹下，完成对各细项资源、作业的识别、归类与定义，并于现代化信息系统中建立资源、成本、作业的基础数据库。最后，是非关键环节，即根据资源动因追溯资源费的归属作业及作业中心、再根据作业动因分配资源费到最终受益对象。

2.2.5 质量成本管理

质量成本管理是指企业在保证服务质量、产品质量的前提下尽量减少成本的管理方法。它是指导企业员工对质量成本进行预估、计划、分析、控制、报告和改善的一系列成本管理活动。

质量成本管理作为企业管理中的一个子系统，具有聚集企业相关信息的能力，在企业需要调整时能够将这些信息与实际中消费者的需求结合起来。企业可以根据信息制订质量成本管理的具体实施计划，对于在实施过程中出现的问题及时进行记录和分析，必要时可进行相关调整，最后根据生产结果进行奖惩。

2.2.6 战略成本管理

目前，战略成本管理是最为先进的成本管理方法。所谓战略成本管理，是指一整套集成的成本管理体系。它结合了产品生命周期法、作业成本法等成本管理技术，并包含战略定位分析、成本动因分析以及价值链分析为核心

---

① 作业是指企业特定组织（成本中心、部门、产品线等）重复执行的任务和活动。

的内容。将成本控制上升到企业战略的高度，将成本控制的范围延展至全产品生命周期，通过控制成本动因来达到源流管理的效果，形成企业持续的核心竞争力。战略成本管理体系结构如图2-1所示。

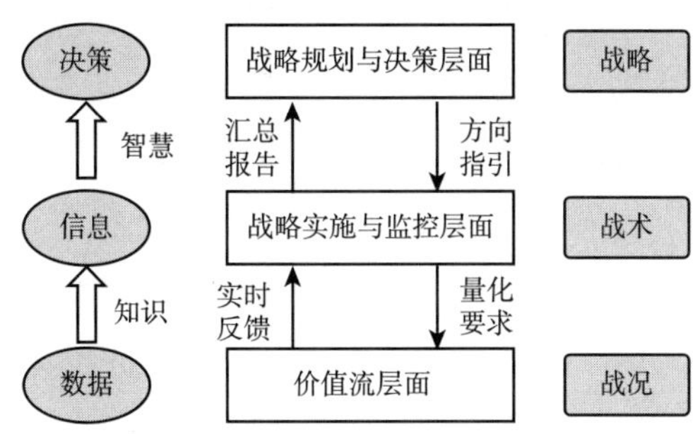

图2-1 战略成本管理体系结构

第一层次为企业战略规划与决策层面。它包括战略分析、战略选择、战略计划和战略实施控制等过程及相关制度的制订。在战略计划中，企业需要综合考虑内外部所有可用的资源。因此，企业战略成本管理的目标不再局限于企业内部，而是扩大至整个行业价值链。

第二层次为企业战略实施与监控层面。它主要负责把战略计划的目标分解为每个价值流单元的战略指标，并作为控制、考核价值流单元的基本指标。

第三层次为价值流层面。如图2-2所示，该层面可分为三个维度来考量：(1) 对应实体价值链的供应链维度；(2) 对应虚拟价值链的数据流维度(信息系统的一体化)；(3) 对应财务管理的特殊数据流——财务流维度。

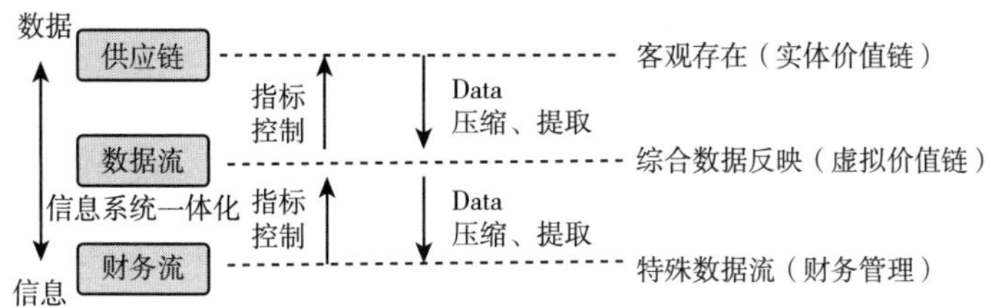

图2-2 价值流层面的三个维度

本书在后面解决方案部分参考战略成本管理方法价值流层面的三个维度，从供应链维度、信息系统一体化维度、财务流维度对调研公司分别展开论述，对调研公司提出了切实可行的对策建议。

2.3 探究成本管理的起点

只有从源头抓起，成本管理的有效性才能得到保证。在目前企业的实际管理中，企业只关注成本管理的起点。随着人们对成本管理认识的逐步深入，对成本管理起点的认识也逐步提高。越来越多的国内企业已经认识到：产品成本的约70%由设计成本决定，因此产品设计过程成为成本管理工作的重中之重。然而在目前的市场环境下，产品个性化需求越来越明显、按订单个性化生产和设计的产品比例越来越高，决定产品成本的源头不再是设计，而是市场需求。因此，从单一产品或订单角度看，市场需求是成本管理的起点。

在市场经济环境中生存和发展的企业，企业战略决策的问题是如何满足客户需求以及不断满足客户个性化需求。对单个企业来说，市场需求是无限的，企业不可能生产市场需求的所有产品，必须在生产决策中做出取舍，在市场竞争中，企业长期战略决定以什么产品去满足市场需求，并且以低于客户愿意支付的代价生产出特定的产品。

2.3.1 成本是企业资源分配的结果

企业是以资金为纽带的资源输入输出系统，企业的盈利来源于资源交换的剩余。成本是企业资源分配的结果。

2.3.1.1 企业外部资源交换

（1）资本市场的资源交换。企业在资本市场的资源交换指的是企业的股东将子基金投资到企业，企业又以股东的身份去投资子公司，如图2－3所示。

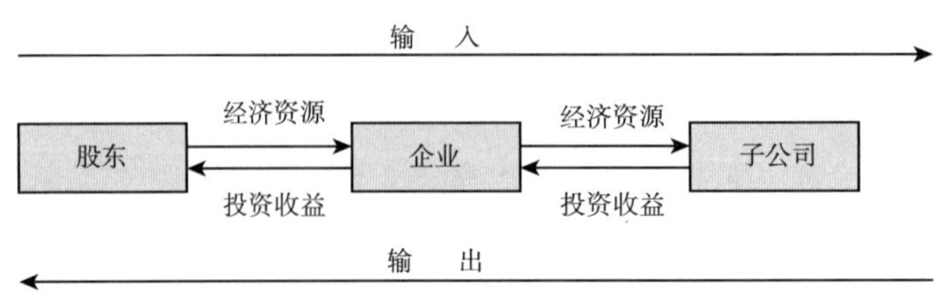

图2－3 企业资源在资本市场的交换形式

对于企业来说，企业能够生存的基本条件是资源流入大于资源流出。从图2－3可以看出，企业的生存与发展依赖于在资本市场上的资源交换，获取投资收益。在单一资本市场投资模式下，企业长期生存的基本条件是企业获得的投资回报大于或等于企业资本成本与企业经营成本之和。

（2）产品劳务市场的资源交换。从图2－4中可以看出，企业资源系统是开放式的。企业依据顾客的需求，首先从供应商处交换资源，获取资源后与内部资源整合形成产品或劳务，然后再与顾客交换去取得现金。资源交换的介质是现金，企业在一个交易流程结束后，得到了企业资源的分配结果，确定了成本、税收和利润。

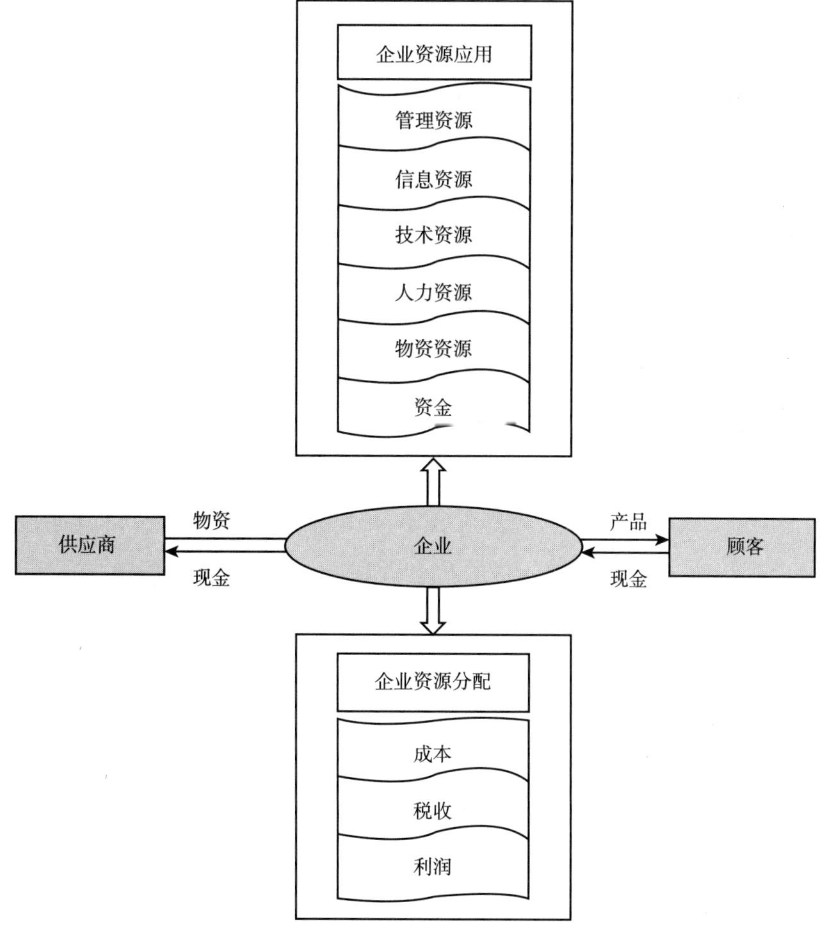

图2－4 企业资源在产品市场上的交换

大部分的企业是通过产品劳务市场的交换获得利润，为了能使企业的产品劳务达到顾客需求，企业与外部交换资源。

2.3.1.2 企业内部资源交换

企业内部资源配置基本方法有两种：

（1）是以权利为导向来配置。企业内部资源是可以受到管理层控制的，管理层以更加快捷、有效的方式来配置资源，企业只需要考虑如何充分利用生产能力，提高产出效率。

（2）是以利益驱动为导向配置。当企业以一定目标为生产前提时，员工积极能动性可以通过利益配置资源充分发挥，而且分配不公的问题在一定程度上也得到了解决。

2.3.2 传统成本管理改良

（1）价值工程分析。价值工程分析的核心是产品的功能分析，主要分析产品零部件及生产操作与产品功能的相互联系，目的是以最小成本实现产品的最大功能。价值工程分析是在产品生产之前对产品成本进行控制，通过对产品的功能、成本和价值分析减小不必要的成本。在产品的价值构成中，产品的功能是决定产品“价值”的关键。这里所说的价值是指产品所具有的满足市场需要的能力，一般来说，产品所具有的功能越多，产品的价值也就越高。但是要增加产品的功能，就必然增加产品的成本。价值工程分析的关键在于如何通过较少的成本，来提高产品的功能。

（2）零基预算。零基预算是在预算和计划的编制过程中，以零为基础编制的预算。零基预算编制的目的是重新对各项费用及其作用的预算进行估计，以达到降低不合理费用在产品成本中的比例的目的。在成本管理中，会计意义上的费用也被看作是成本，这里所说的费用包括会计中的管理费用和销售费用，也包括制造费用。

（3）作业成本管理。作业成本管理是以作业为核心，对企业成本进行规划和控制的一种成本管理方法。这里所说的作业是指企业经营活动的基本单元，企业的全部经营是由各种作业组成的。在作业成本管理中，成本概念已经超越了通常意义上制造成本的范畴，而是泛指在执行某项作业时所发生的一切支出。

作业成本管理是一种较为复杂的成本管理方法，但通过作业成本分析，企业可以对各项经营活动的目的和要求进行重新认识，并对所发生的成本合理性进行重新评估，从而有效地避免不必要作业和不合理成本项目的发生，以达到成本避免的目的。

除了以上几种方法以外，企业还可以从生产工艺、生产作业组织和生产方式等方面进行控制成本。

传统成本管理的改进，部分解决了企业成本管理面临的困境，向成本管理最终目标前进了一大步，并且为新的成本管理模式的应用打下了坚实基础。尽管我们对传统成本管理模式提出了批评意见，但我们并不否认或完全摒弃传统成本所发挥的作用，而是主张在传统成本管理的基础上，建立新的成本管理模式。

2.4 建立有效的成本管理新模式

需要特别申明的是：成本管理工作是一步一步发展演变的，跟其他管理方法一样，不是一蹴而就的。企业的成本管理的提升需要逐步积累，企业应该考虑自身经营环境特点和管理基础来选择适合的成本管理工具，而并非只追求最新的成本管理工具。但毋庸置疑的是：用先进的成本管理理念引导企业成本管理，更有助于企业长期生存和持续发展，更能有效管理企业成本，在企业成本管理实践中达到事半功倍的效果。

2.4.1 成本管理的新目标

与成本管理演进阶段相适应，成本管理目标也经历了调整。传统成本管理的主要目标是为了节约，但是为了“节约”而“节约”，成果最终相当有限。

企业战略的核心是竞争优势，竞争优势有成本领先和差异化这两种基本形式，一个企业要获得竞争优势就需要做出抉择，选择哪一种优势和要在这一优势中达到什么程度，具有长远性、全面性、开放式和及时性特征的成本管理模式更适合目前的竞争环境。这种成本管理模式需对内要深入企业的作业层面进控制、管理，还要将企业自身的价值链延伸，使企业置身整个行业的竞争环境中，了解行业领先企业的情况，发现本企业与领先企业的差距，以寻求解决方案。

2.4.2 落实战略成本管理信息化思想

战略成本管理是企业成本与企业战略为适应外部环境变化而有机结合的产物，是应对竞争环境变化所做出的一种变革，也是成本管理的发展方向和必然趋势。战略成本管理需要企业打造数字化信息化平台为战略决策做支撑，战略成本规划、控制、分析、改进等方面工作涉及企业大量基础信息，需要众多管理流程支持才能得以实现。

信息化管理是现代企业实现战略目标必经的阶段。现代企业管理需要强大的信息平台做支撑，才能做到提前规划、及时决策、有效控制、准确分析和持续改进。战略成本管理需要在成本发生的源头进行规划、在企业价值链实现过程中实施控制、在成本结果上进行评价，其范围不仅包括产品形成过程，而且与企业战略规划、物流管理、资金管理、人力资源管理相结合，构成系统的、动态的、及时的成本管理新模式。因此，ERP、电子商务等信息化平台被认为是实现战略成本管理的最佳平台。

2.4.3 成本管理的新应用

阿里巴巴在阿里信用贷款与淘宝数据魔方利用“大智移云”技术来降低违约成本、提高贷款发放效率、开发新的信用产品、做出更科学的业务决策，实现节本创收。

淘宝每天产生数以万计的交易，与此同时，交易时间、商品价格、购买数量等动态信息将会通过大数据仓库实时记录，与买方和卖方的年龄、性别、地址、甚至兴趣爱好等个人特征信息相匹配。这些信息可以提供淘宝进行大数据聚类，达到市场细分的效果；可以进行时间序列分析，进行细分市场需求预测；可以将交易数据通过决策树，实现判别式营销。有效地减少阿里市场管理成本、挖掘成本、营销成本与销售成本。商家可以通过解淘宝平台了解行业宏观情况、品牌市场状况、消费者行为情况，并可以据此进行生产、库存与销售决策。更多的消费者也能通过淘宝大数据搜索引擎，以商品、价格、规格等多维组合查询的方式，以更优惠的价格买到心仪的宝贝。

这种方式大大增加了商家和消费者满意度，形成良好的口碑效应，减少了客户取得成本，增加了平台点击率与业务量，提高了企业收入。

阿里信用贷款是通过其掌握的用户数据，一方面，使用数据挖掘技术，进行用户画像；另一方面，借助大数据技术，通过财务数据、行为数据、客户数据进行建模，自动分析判定是否给予企业贷款，全程不会出现人工干预。

通过结合“大智移云”技术，可对企业进行节本升效：

（1）智能解析故障、问题和缺陷的根源，每年可能为企业节省数十亿美元。

（2）为成千上万的快递车辆规划实时交通路线，躲避拥堵，选择时间与成本的平衡点。

（3）分析所有决策方案，以利润最大化为目标来定价和清理库存。

（4）根据客户的购买习惯，为其推送他可能感兴趣的优惠信息。

（5）从大量客户中快速识别出金牌客户，做出强大的现金牛。

（6）使用点击流分析和数据挖掘来规避欺诈行为，减少违约成本。

现代成本管理要求管理人员尽量全面掌握成本相关的信息。

而想要尽量掌握成本相关的信息：就要解决收集什么数据（对象、大数据）、如何获得数据（路径、移动互联网、5G）、如何存储分享数据（数据库、云平台）、如何将数据加工为信息［分析、决策模型（知识、规律）、人工智能］。

2.4.4 基于实际经验的成本管理创新

虽然有关成本管理的理论和著述颇丰，但是在企业的现实经营活动中，管理者们仍然对成本管理的一系列问题感到困惑不已。成本管理理论和其他管理领域方法一样，对这一管理职能深入研究，再分解成各项因素分别加以剖析和控制，以此来确保所研究企业的成本。然而，不同于成本核算，成本管理的需要及内容和形式在不同的组织模式、行业性质、产品生命周期、竞争战略、企业价值观都不相同，它即不可能标准化，也不可能格式化。成本各因素通过某种方式彼此联动，并非孤立地运转。

传统的成本管理观念难以奏效，需要基于实际经验的成本管理创新。要平衡客户目标和员工目标，财务目标倒逼企业不断压缩成本、节减开支，以增加利润，这三个维度是互为因果、互相促进的。平衡控制力与灵活性，业务单位都有为本单位争取预算指标的动力。只要有预算，在成本控制方面往往不甚在意，如果年末预算尚未用完，就会有突击花钱的现象；如果缺少预算了，也就有了不开展相关职能或业务活动的理由，此时责任则在成本管理部门。成本管理部门严宽两难，只好周期性地一管一放。综合考虑支付性成本与非支付性成本，实际经营中，各成本因素间并非孤立的，而是存在相互依存的关系。

3

“大智移云”技术对制造业成本管理的影响

3.1 “大智移云”技术综述

（1）大数据技术。包括三个方面：一是基于流式或批量的结构化数据与非结构化数据的实时获取、解析与基础运算；二是基于大数据架构的大数据高并发访问，关系型或键值型的大规模数据存储；三是基于大数据机器学习、深度学习、深度挖掘算法的数据建模。

（2）人工智能。通过数据训练，拟合人的特征，学习人行为，并生产出一种新的能以人类智能相似的方式做出反应的智能程序，包括文本识别、语音识别、图像识别、自然语言处理、知识图片等。

（3）移动互/物联网。是移动和互联网或者移动和物联网融合的产物，有移动、实时、共享等特征，为企业生产数据、传递数据与发布数据。即运营商提供无线接入，企业开发应用程序 APP，在客户使用过程中采集客户行为信息与特征信息。

（4）云服务技术。通过互联网来提供动态、可扩展、虚拟化的资源。

云存储服务（如百度云）提供庞大的虚拟存储空间，实现数据的大规模存储与多权限访问，是解决数据共享与降低存储成本的解决方案。云计算服务提供无边界的运行内存，突破硬件的限制，实现每秒10万亿次的数据处理能力。

3.2 “大智移云”对企业成本管理影响综述

“大智移云”背景下由于成本管理需求与可应用的技术提升，对企业成本管理相关的数据来源、数据获取、数据存储、数据分析、数据建模、数据运算与数据可视化提出新的要求与挑战。本部分基于以上维度归纳了传统技术与“大智移云”技术下成本管理的差异，具体如表3-1所示。从表3-1可以得出，由于内外部环境的变化，如企业成本管理数据从财务数据扩展到非财务非结构化数据、从被动采集财务数据到积极开发应用生产财务数据的业务流数据、成本管理相关数据维度的增加、成本管理决策的数据分析范围增加及实时性要求提高等因素，使“大智移云”技术下的企业成本管理更能适应现代企业价值创造的需要。

3.3 “大智移云”在企业成本管理中的应用综述

3.3.1 大数据在成本管理中的应用

大数据对企业成本管理相关数据的收集范围与时效性、存储量与存储方式、分析方法与分析效率都有显著影响。主要表现在以下方面：

（1）大数据收集技术对成本管理的影响。第一，大数据工具可以实现实时的移动物/互联网用户、生产、物流信息的收集。第二，可以借助外部API接口调用360的风险信息、百度地图的路线信息、Wind的财务信息、天气信息、数据统计年鉴等，大大增加了可用信息的广度，增加模型的有效性。第三，通过网络爬虫可以获取Web网页、微博、论坛等用户行为、评价信息，有利于客户定位，产品优化与需求预测。大数据收集技术有利于企业在成本管理决策中尽可能的获取到相关信息，使最终的决策更加准确。

表 3－1　传统技术与“大智移云”技术下成本管理差异分析

功能名称	传统技术的企业成本管理			“大智移云”技术下的企业成本管理			
	传统成本管理需求	应用技术	功能描述	现代成本管理需求	应用技术	功能描述	变革原因
数据生成	将生产过程中的财务要素数据进行手工录入或电脑生成	Excel 企业信息系统	利用财务系统录入数据，将财务要素数据保存为关系型数据结构	对市场需求、客户行为、企业运营状况进行实时追踪	移动物联网、移动互联网 企业信息系统	开发应用 APP，实时获取客户行为信息；通过企业信息系统实时获取企业运营信息	企业不再被动的采集财务方面生成数据，更积极的开发应用去创造运营、市场、用户数据
数据获取	实现小批量财务数据的静态获取，数据单一，数据比较规范	Python/C ++/Java	利用程序从文本、Excel 中提取小批量静态的结构化数据；人工在数据库中录入数据	实现大批大量的动态数据获取，数据维度多样，存在大量的非结构化不规则数据	Spark/Flink/Kafka/API（大数据）	通过数据管道（Kafka），用流式（Flink）或者批量（Spark）的采集方式获取实时数据。通过 API 获取外部数据	进行成本管理的数据已经不限于财务数据，大量非财务非结构化的数据对成本管理产生巨大影响
数据存储	成本管理相关数据规模小，对数据库读写要求低，无太大共享需求	Mysql/Oracle	支持较低频次的数据量读写，支持 GB 级别规则数据保存	数据规模大，有高并发的读写需求，支持保存非结构化数据，支持高速数据检索，支持数据共享	Hadoop/Hive/Hbase/GP/云存储/分布式存储（大数据、云服务）	基于分布式大数据架构，以关系型或键值型存储 TB 级数据，支持高并发写入与多维检索查询。以云存储与分布式存储实现数据分权限共享	需要存储的与成本管理相关的数据维度变多，规模变大，存储实时性要求变高，越来越非结构化
数据分析	财务数据的描述、对比与预测，数据维度较低	Spss/Sas/Eview	应用可视化的分析软件支持结构化数据的统计与预测，实时性低，数据量小	实现与企业成本管理相关数据的多维非线性实时分析，供决策、监控、预警、评估使用	R/Python/Scala（大数据、人工智能）	应用程序实现机器学习、深度学习、深度挖掘、人工智能技术，支持结构化、非结构化多维实时数据的建模、训练、预测、判别、降维等分析	成本管理决策依赖的数据分析范围变大，实时性要求变高，成本管理的功能从降本拓展到监控、评估、预警、升效

续表

功能名称	传统技术的企业成本管理			“大智移云”技术下的企业成本管理			
	传统成本管理需求	应用技术	功能描述	现代成本管理需求	应用技术	功能描述	变革原因
数据建模	企业业务模型或数据模型，模型逻辑是静态清晰可提取的，数据简单	统计分析、线性回归、时间序列、相关性分析	描述业务流程，用于优化业务结构；预测财务数据，用于管理与决策，描述单维度数据之间的关系	企业业务流+资金流+信息流的综合模型，模型逻辑动态模糊可提取，数据多维复杂抽象	逻辑回归、决策树、K聚类、随机森林、SVN、KNN、神经网络、Bayes等	通过多维大量复杂的结构化与非结构化数据实时提取模型逻辑，包括数据解析、逻辑理解、选择模型、选择变量、设定参数、模型训练、模型评估，描述多维数据的联系	成本管理模型逻辑中，不仅是业务或者财务数据的单独反映，而且是财务、业务、市场数据的综合描述，模型逻辑不断变化
数据运算	小数据范围非实时的财务指标统计	个人电脑、服务器	实现MB级别数据的离线运算	全行业数据或多维度大批量实时数据的高效运算	分布式/大数据集群/云计算（大数据、云服务）	实现TB级别数据的实时运算	成本管理决策对数据范围与数据实时性有更高的要求，数据处理量与处理效率指数提高
数据可视化	实现财务数据的一维或者二维非动态非实时简单展示	Java GUI/Python GUI	实现表格、线图、柱状图、散点图等一维、二维数据展示	实现财务相关数据的多维动态实时复杂展示	Echarts/D3（大数据）	实现地图、立体图、雷达图、气泡图、热力图、堆叠图、关系图等多维数据动态实时展示	成本管理相关展示数据从一维、二维变为多维，展示数据实时性要求变高

（2）大数据存储技术对成本管理的影响。第一，实现了数据的实时存储，5 分钟内实现数据全网同步。第二，实现了数据的高并发访问，支持上万并发访问数据库不崩溃。第三，实现数据快速查询，TB 级别数据多维查询 15 秒出结果。第四，实现数据规模保存，支持 MTB 级别数据存储。第五，实现非结构化数据存储，包括机器、系统、车辆运行日志等半结构化数据保存，声音、图像、视频等非结构化数据的保存。大数据存储技术有利于沉淀企业成本管理相关信息，为数据分析提供数据基础，高并发与快速查询有利于提高成本管理决策模型的运算速度，提高决策的实时性。

（3）大数据分析技术对成本管理的影响。大数据技术能提高企业分析数据、理解数据的能力，助力企业有效、科学地进行管理与决策。大数据分析方法包括分类、回归分析、聚类分析、关联规则和特征分析等方法。

分类分析可用于对客户分类、属性和特征、满意度和趋势进行分析和定位。回归分析主要用于对销售趋势预测及针对性促销活动，聚类分析主要用于预测客户购买趋势和市场细分，关联规则为产品定位定价等提供决策支持以及特征分析主要用于预防客户流失。

综上所述，大数据分析技术有利于挖掘与成本管理相关的数据，提出精准的解决方案。挖掘与成本管理决策相关的数据，拟合隐藏在数据中的业务逻辑，从而对企业决策与管理提供参考。

3.3.2 人工智能在成本管理中的应用

人工智能技术在语音、图像、视频识别方面独领风骚，在数据深度挖掘、替代人力与智能推荐方面，对企业的人力成本、销售成本、研发成本有非常重要的影响。第一，可以深入挖掘数据特别是非结构化数据对企业成本管理的影响，可以通过图片、音频、视频发掘企业成本管理有用的信息。第二，实现智能客服。人工智能的语音识别与大数据分析技术结合，可以定位客户类型，预测客户需求，判别客户情绪，实现个性化的语音服务，降低人力成本。第三，人工智能知识图谱与神经网络技术，实现关联数据的无穷下钻，遍历所有存储中相关联的数据，拟合最优推荐结果，提高研发能力与推荐能力，提高客户满意度。

3.3.3 移动物联网、移动互联网在成本管理中的应用

移动物/互联网可以实时监控与收集客户和物流信息，发布企业的相关产品信息与资源调度信息。在企业成本管理中有以下几方面的重要作用：第一，客户信息收集方面，企业通过用户移动端的APP应用收集用户购买时间、购买数量、浏览页面、点击次数等行为信息，以及用户的年龄、性别、地址、兴趣爱好、手机号、邮箱等个人信息。第二，物流信息收集方面，通过GPS定位系统及二维码识别等，收集货物的位置、价格、数量、种类、目的地、发出地、运送状态等信息。第三，生产信息收集方面，采用热感、光感、震感、重感技术监控生产线，可以得到机器运作频次、机器工时、生产产品数量、机器温度、材料投入量、产出量等生产信息。第四，发布产品信息方面，企业可以在APP客户端发布产品的价格、外观、性能、折扣和数量等信息供用户浏览进行营销和销售。第五，发布调度信息方面，企业可以在物流客户端发布客户需求、材料采购信息、产品库存、车辆位置、车辆调度信息，对运营中存在的问题进行纠错。

3.3.4 云服务在成本管理中的应用

云服务技术对企业成本管理的影响主要体现在两方面：第一，云存储技术方面，云存储技术通过拓展网络虚拟存储空间，大量保存企业成本管理相关数据。一方面，云存储技术可以减少企业存储数据的硬件成本，实现成本管理决策信息的分权限访问，实现数据共享；另一方面，避免数据受到硬件的破坏而遭到灭失，减少企业成本管理信息泄露的可能性。第二，云计算技术方面，该技术开辟网络虚拟运行空间，使成本管理相关数据能够全量、实时、高效的运算，既减少了企业服务器的购买成本，也增加了企业成本管理的及时性、科学性与准确性。

3.4 “大智移云”在企业成本管理应用中存在的问题分析

3.4.1 宏观层面

“大智移云”技术对现行企业成本管理宏观层面的影响主要体现在以下方面：

（1）信息化程度较低。成本管理信息化在我国企业发展中还未全面普及。一方面，企业对自身的发展状况认识不够充分，对于管理会计信息化的意义不够明确；另一方面，由于管理会计信息化对软件技术的要求十分高，目前大部分企业的信息技术达不到相关要求。

（2）理论与实践结合度低。首先，在管理层面缺乏科学的决策及长远的战略目标，管理水平较低以至于无法与成本管理会计信息化理论相结合。其次，大部分的中小型企业缺乏信息技术的支撑，且本身的重视程度及创新程度较低，难以将理论与实践相结合。

（3）信息化过程中数据的获取缺乏有效性。首先，当前许多企业内部管理不善，导致信息的传递得不到高效实施，数据得不到有效获取，且获取的数据难免被篡改。其次，管理会计工作中缺乏与企业自身情况相结合的相关指标，制订相应的管理会计相关指标，以此获取有效的数据信息。

（4）财务信息集中统一功能缺失。一方面，现阶段企业财务信息化管理仅仅具备报表生成、信息输入、财务凭证生成等基本功能，财务信息集中统一功能还有所缺失。另一方面，企业内部相邻部门之间还缺乏有效的信息链接渠道，如关键信息的查询整理工作仍止步于人工操作。

综上所述，我国企业数据的收集和利用能力有限，难以顾及隐性成本，或者对隐性成本不够重视，忽视了当前行为对未来成本的影响，从而导致计算结果受到质疑，后续成本增加。

3.4.2 中观层面

“大智移云”技术对现行企业成本管理中观层面的影响主要体现在以下方面：

（1）需求履约期极短化。一方面需求履约期呈现极短化趋势，另一方面业务量快速增长面临着碎片化的海量需求的压力，都对电子商务物流的配送效率和精准度提出了更高的要求。

（2）顾客需求个性化。随着消费升级和技术发展，传统意义上的“快速”不再是衡量服务的唯一标准，根据客户的差异化需求提供多样化服务成为趋势。

（3）成本增长与服务升级不同步。企业同质化竞争、粗放式发展等问题突出，经营成本不断上升，但服务质量并未同步跟上。寻求“大智移云”的技术加持成为企业破除发展瓶颈的必要途径。

（4）信息化和智能化技术水平不够高。当前我国制造业行业在大数据分析技术和智能化装备领域的研发和应用明显滞后，信息化、智能化水平尚未满足行业发展需要。

3.4.3 技术层面

“大智移云”技术对现行企业成本管理技术层面的影响主要体现在以下方面：

（1）大数据利用效率提高面临阻碍。其一，数据类型繁多。物流企业的大数据种类包括音频、视频、图片、地理位置等信息，数据格式的标准不一致、尺度不统一，导致物流企业对大数据的利用效率良莠不齐。其二，数据价值密度低。在海量数据中仅有小部分是有价值的，对巨量信息的价值进行精准“提纯”既需要更先进的技术，也需要配备专业胜任人才，相应地会提高企业运营成本。其三，数据存储量大。传统的 MySQL 与 Oracle 数据无法实现完整信息的实时保存，并且大批量的数据对数据运行提出新的要求。

（2）智能化对顾客个性化满足不够。其一，智能化设备未能充分利用。企业尚未摆脱传统的服务目标，为所有客户提供同质化的服务，忽视客户的差异化需求。其二，服务优势和成本优势动态失衡。随着生活质量提高和行业同质化竞争加剧，顾客对服务个性化、多样化的需求愈发强烈。

（3）移动互联网平台建设滞后。移动互联网平台建设投入大、周期长、维护成本高。不少物流企业移动互联网平台建设还相对滞后或运行不充分。

(4)“信息孤岛”现象仍然存在。由于信息的流通存在滞后现象，造成企业在经营过程中存在一部分的重复性活动，导致企业效率降低，云计算的数据基础不准确，提高物流信息资源整合能力和共享能力受到限制。

3.5 “大智移云”在制造业成本管理的应用意义

研究“大智移云”在企业成本管理中的应用有助于推动企业长足发展，具体内容如下：

3.5.1 全局掌控，助力企业战略成本管理

传统成本管理已无法适应企业面向消费端战略，基于财务共享的成本管理成为企业发展壮大的必由之路。通过大数据管理能够实现企业成本的信息化集成管理，此管理方法能够高效的应用于企业生产经营等相关经济活动的各类成本管理中。通过成本管理信息化，企业能够有效获取生产经营中相关成本信息，实现对企业从原材料的购进、产品的生产、销售等环节的全程掌控，且能够利用数据库的强大资源进行对比分析制订最有效的管理方案。

3.5.2 分析建模，为决策提供智能化支撑

企业管理者为了达到可视化运营模式的目的，运用商业智能BI强大的建模功能，设计一系列高效的数据挖掘算法，构建异地协同、高效管控的办公模型，实现数据实时共享，促进企业内部的信息化建设。例如，应用ABC作业成本法，利用BI搭建成本核算模型，借助云计算、大数据的支撑，提供全面的成本数据信息，使成本可以按照作业环节来精准的进行分配与摊销，为企业进行产品定价和产品功能的成本决策、产品组合的优化决策、品种决策等提供科学完善的信息，提高企业的核心竞争力。

3.5.3 降低成本，推动企业精细化管理

企业进行传统的会计信息化建设，同样要满足成本收益原则，传统的信息化系统建设前期需要进行项目准备，随后技术专家和业务人员一起进行系

统开发、测试，待验收审核评估后才可正式上线运行，后期还要花费大量的维修、升级费用。企业利用高效便捷的财务云软件，大大地节省了人力、物力及财力。可以把财务人员从大量常规性、重复性的繁重工作中解脱出来，用更多的时间来进行业务的决策和战略分析，推动企业的精细化管理。

3.5.4 规划控制，实现企业运转全自动

“大智移云”的应用可以帮助企业快速选择和处理成本数据，提高数据处理的自动化水平；有助于企业进行正确的成本决策，对产品生产进行更合理的规划；帮助企业管理层监控成本的核算流程，实现企业成本的有效控制；使企业更有效地进行生产经营活动，提高工作效率。因而，大数据时代下企业成本管理工作的智能化水平会大幅度提升，企业能够获取更多维、多层次的财务信息，加快财务会计向管理会计转型的进程。

4

H 公司概述

4.1 目标企业介绍

新常态下制造业的发展受到了实践界的普遍关注，智能制造已成为我国制造业转型升级的重要突破口。然而“大智移云”时代下，企业成本管理发生的变革，遇到的瓶颈均值得我们深入分析。基于这样的背景，探索制造业转型升级对成本管理的影响因素，能够为我国制造业企业成本管理优化提供理论支撑，同时通过案例研究有针对性地提出相关的措施建议。在社会经济发展的不同阶段，成本控制方法的发展也呈现出相应的阶段性特征。随着“大智移云”时代的到来企业成本管理方法面临新一轮的洗牌。“大智移云”在企业成本管理中的应用正在加速实现成本管理精准化、自动化与智能化。然而，现阶段我国“大智移云”技术尚不成熟以及在企业成本管控实施过程中应用还十分有限。

H 公司作为中国制造业中著名的家电企业，一直在智能制造领域不断深耕探索，现已发展成为全球首个全面转向用户驱动和创客思维的大型制造业企业，H公司正在演绎一场以智能制造为核心的巨大变革。2017年2月，H公司自主研发、自主创新的首个中国版工业互联网平台COSMO正式发布并对外提供社会化服务，这意味着H公司已为我国智能制造转型升级提供了范本，并致力于整个中国制造业智能制造转型升级。

因此，本案例将基于“大智移云”的时代背景，对H公司智能制造下的成本管理的创新与发展展开案例研究，探索成本管理在H公司企业转型升级过程中的演变路径与优化模式以寻求适用于我国制造业企业的成本管理创新模式。

4.2 H公司概述

H公司于1984年在山东青岛成立，现今总市值约为1200亿元，达到了家电行业平均市值的4.5倍左右。H公司的主要产品有空调、冰箱、洗衣机等，经营范围涵盖了各类家用电器的研发、生产、销售和售后服务等。2018年，青岛H公司共实现了营业收入1833亿元，利润74.4亿元，分别较2017年同比增长了12.2%和7.7%。据H公司官网数据显示，近十年来公司在全球范围内的营业收入及利润呈现出良好的增长态势，营业收入的平均增长率为6.1%，而利润的平均增长率则达到30.6%。

4.2.1 H公司简介

表4-1列示了H公司的经营成果，结果说明该公司业绩处于稳定增长态势。

表4-1 H公司的经营成果 单位：亿元

年度	2014	2015	2016	2017	2018
营业收入（亿元）	969	898	1191	1634	1833
归属于母公司净利润（亿元）	53.4	43.0	50.4	69.1	74.4

数据来源：Wind。

H公司商业模式变革从流程再造到艰难推进“人单合一”双赢模式，组织架构作为承接H公司战略的载体，也经历了从传统“正三角”到“倒三角”，再到目前“节点闭环网状组织”的演变。

4.2.2 品牌战略

H公司的战略布局如表4－2所示。

表4－2 H公司的战略布局

时间	战略阶段	战略目标	管理创新
1984—1991年	名牌发展战略	打造冰箱第一品牌	全面质量管理
1991—1998年	多元化发展战略	实现家电第一品牌	OEC管理
1998—2005年	国际化发展战略	创造国际品牌	“市场链”流程再造
2005—2012年	全球化品牌发展战略	铸就全球白电第一品牌	“人单合一双赢”模式
2012年至今	网络化发展战略	创建互联网时代管理模式	“人单合一双赢”模式

4.3 H公司商业模式分析

4.3.1 H公司的价值主张

面对物联网时代的机遇和挑战，H公司紧跟时代脚步，推进物联网的企业转型，通过打造U＋智慧生活云平台、COSMOPlat工业互联网云平台、社群交互平台等三大平台，聚焦用户最佳体验的持续迭代，为消费者提供智慧家庭解决方案，创造全场景智能生活体验，满足用户定制美好生活的需求。

定制化的产品和服务：高端品牌的用户体验，应该是全流程的高端体验。卡萨帝平台也正在推进全流程节点的独立与并联。张瑞敏指出：做高端品牌，就要让用户体验到从设计、研发、制造、销售以及服务的全流程的高端体验。也只有做到了全流程，才可能及时根据用户体验进行产品迭代升级，完成产品品牌到生态品牌的升级。

智能家电产品：物联网、大数据、人工智能等技术发展加速智能化趋势，智能家电产品的互联互通创造全新的智慧便捷体验，对家庭成套智慧解决方案要求不断提升，并促使企业从制造销售向智慧家庭生活服务商与运营商转型。

智慧生活解决方案：H公司已构建起世界领先的白电、厨卫产业集群，覆盖冰箱＆冰柜、洗衣机、空调、热水器、厨房电器，基于在品牌、研发、智造、渠道、服务、生态和U+的全方位、立体化布局和引领，为消费者提供“一站式、全场景、定制化”的成套智慧家电解决方案。

4.3.2 H公司的用户细分

H公司把客户区分为客与户，即顾客与用户。前者以货币为中介，是等价交换；后者以语言为中介，是等意义交换。企业与顾客的交换叫交易，是没有温度的，因为货币只表示价值，不表示意义；而企业与用户的交换叫交互，是有温度的，因为语言交换除了可以表示价值，还可以表示意义。顾客与用户不是两个不同的人，而是同一个人身上的不同属性。只有通过画像，才能满足一个人身上的需求（对产品的需求），才谈得上把他发展为用户，让他为服务付费，直至为体验付费，成为终身用户。当然，以用户为主要定位，不意味着忽视顾客，两者是价值基础与价值提高的关系。为顾客提供产品，是服务的基础，如果产品不过关，服务也就无从谈起。

4.3.3 H公司的用户关系

H公司的用户定制平台除了建立用户全流程参与机制外，还搭建了用户定制平台和物联网生态圈。个性化定制是小农生产方式，只有搭建一个社会化平台，用平台与个性化定制对接，才能推动个性化定制从落后生产方式向先进生产方式的蜕变。用户定制平台的作用，就是让用户不要再像小农一样，从头到尾“小而全”地自己单干，而是为他们提供通用工具、资源，让他们把精力集中于真正的与众不同上。

用户体验原则有两个分支：一是与用户进行有温度的交互。展望人类下一代电子商务，就是要实现从交易向交互的升级，背后基本面是无差异的制造向差异化的服务升级。二是体验无缝化。体验无缝化从用户需求角度讲，是指为用户提供整体解决方案，指由一个企业牵头，一次性满足用户的多种需求，而不是让用户自己去找满足每一个需求的服务提供方。

4.3.4 H公司的销售渠道

H公司的线下渠道整体呈现负增长态势，线上渠道占比持续提升但增幅放缓，线上线下融合态势趋势明显，电商平台加速农村市场的网点铺设，传统线下渠道也在尝试运用电商发展自身业务，渠道生态日益多元化。

H公司的多元化的渠道体系实现国内一二三四市场的全覆盖，提供随时随地的购物便捷体验。与家电专业连锁企业（国美、苏宁等），电商平台（天猫、京东等）保持良好战略合作关系；自有渠道，全国建设8000多家县级专卖店、30000余家乡镇网络；综合店渠道方面成立V58、V140俱乐部等，与区域家电分销龙头企业保持密切合作；加速推进前置渠道的触点建设，依托公司多品牌、全产品优势，建设智慧成套场景体验店，实现市场终端的成套展示、成套设计、成套销售与成套服务。

巨商汇系统100%覆盖经销商客户，易理货全覆盖乡镇级门店，实现对经销商从下单、销售、库存及售后的实时管控。

日日顺物流仓储面积470万平方米，车小微数量10万辆。提供24小时全天候送装一体服务，为用户提供及时上门、一次就好的成套服务。

4.3.5 H公司的核心资源

H公司智能制造的核心竞争力是以用户为中心，由大规模制造向大规模定制转型，实现用户的终身价值。H公司已建成11家全球引领的互联工厂样板，且形成全流程互联互通的能力和生态体系。业务涵盖冰箱、洗衣机、空调、热水器、厨电、电机、模具等领域，满足了用户高端化、个性化的最佳体验。用户全流程参与的大规模定制占比达19%，客户参与的大规模定制占比达52%，实现了产品不进仓库或少进仓库的突破，同时驱动全流程的运营效率提升（如新产品研发周期降低50%以上）。

4.3.6 H公司的合作伙伴

H公司的COSMO平台整合了H公司的合作伙伴，包括模块商资源平台中的供应商群体，因为是开放免费的平台，因此破除了之前成为H公司合作伙伴的门槛，大量模块商的入驻充实了H公司的供应商数量，也丰富了供应商的类型。随着模块商资源平台的稳定发展，可以预见的是，H公司的供应商将会越来越多，这有利于扩大H公司的行业影响力，也有利于H公司向平台化的进一步发展。另外一个合作伙伴群体是H公司的开放创新资源，通过建立开放共创机制，H 公司的研发能力得到加强，与创新资源的合作缩短了研发时间，降低了研发成本，达到了共创共赢的目的。COSMO 扩展了 H 公司的供应商和合作伙伴网络，而 COSMO 开放的特点将使这种效应继续扩大，成为 H 公司的重要核心资源。

4.3.7 H 公司的成本结构

COSMO 平台对 H 公司的成本结构起了非常重要的作用，智能制造工厂平台通过可预测的订单和智能排产降低了库存成本，而高度的自动化减少了大量工人，使人力成本大幅减少，模块化的产品设计在很大程度上保证了生产资料的浪费。更重要的是智能生产解决了定制化生产的成本问题，可以形成规模经济。而柔性化的生产更有利于 H 公司进行多产品生产，从而形成范围经济。

COSMO 开放创新平台降低了 H 公司的研发成本，而模块商资源平台在解决供需对接的同时也有利于降低采购成本。物联网智慧平台和 SCRM 系统自动的获取用户信息，提供精准营销，从而降低营销成本。

4.3.8 H 公司的收入来源

H 公司的收入来源一直以来都以销售产品为主，而 COSMO 平台的搭建为 H 公司的收入增加了更多的来源。首先，在 H 公司的主营业务方面已经不限于销售 H 公司的家电产品，基于 H 公司物联网平台，H 公司可以为用户提供基于家庭场景的智慧生活解决方案。其次，H 公司的日日顺智能物流平台已经将自己的业务扩展到 H 公司以外，面向社会提供 H 公司品质的物流服务，特别是大件家电物流服务成为 H 公司物流的突出优势。凭借家电行业的背景，H 公司物流不断承接家电电商的物流服务，成熟的运营模式和先进的管理模式，H 公司日日顺物流已经成为 H 公司收入的重要来源之一。再次，H 公司凭借开放创新平台解决了众多的用户需求，同时累积了大量的专利和知识产权，H 公司通过“由内向外”的方式共享或出售这些知识资产，特别是一些闲置的知识资产，为 H 公司的收入再增加一个渠道。最后，COSMO 增加了 H 公司的平台化倾向，H 公司的电商平台、模块商资源平台以及未来计划中的智能家电内置的系统平台都汇集了大量的潜在需求，如今

H 公司的模块商平台已经推出了大宗商品交易平台，通过为大宗商品提供商和 H 公司的模块商提供服务来获取收入。

4.4 “大智移云”时代 H 公司的战略创新

战略作为战略成本管理的最高层次，是一切企业创新变革的起点。在战略规划与决策层面，H 公司一直顺应时代发展不断进步。

（1）名牌战略阶段。这一阶段，在同行业的战略规划为“全力以赴上产量”。H 公司却能跳出思维限制，制定了一个为用户提供当下最渴望的高质量产品的目标。因此，到了 20 世纪 80 年代后期，市场稍有波动，产品就卖不出去了。而 H 公司则能够摆脱“同质化”产品的价格战旋涡。

（2）多元化战略阶段。这一时期，同行业的发展路径有两种，一种是企业大量进行兼并，最终企业却大多难以承担急剧扩张的重压而走向破产；另一种是企业拒绝了多元化之路，选择了做好专业化。H 企业则形成了自己的独特战略路径，其认为企业发展的根本既不在于专业化也不在于多元化，而是企业是否能够建立一个为用户提供系列化、高质量的产品与服务体系。这个时期 H 公司从质量开始向星级服务发展。实现战略的差异化路径为吃“休克鱼”盘活资产，打开了企业兼并遵循企业文化且以人为本的新局面。企业重点关注提高人的素质，改变人的观念。

（3）国际化战略阶段。H 公司在中国加入 WTO 的环境背景下，及时抓住机遇，制定了“走出去、走进去、走上去”的战略三步走战略。而同一时期，国内同行业企业却宁愿在国内喝汤也不到国外啃骨头。

（4）全球化品牌战略阶段。H 公司趁着互联网时代的势头，选取了全新的角度，从创造用户和创造用户满意体验出发，为了提升“走上去”的步伐，在观念上不再强调大规模制造，而是专注满足用户的个性化需求，为全球用户提供白电引领体验。

H 公司意识到，要迅速打响海外品牌，靠单纯的制造能力和技术是不够的，通过直接收购国际强势品牌，从而获取其成熟的产品技术，能够更快地提升品牌溢价，并转变观念，倒逼企业内部整个组织和系统去满足用户个性化需求，而不是各自为政。

(5) 网络化战略阶段。第五阶段的网络化战略则延续了第四阶段的特性，主要由网络化的市场与网络的企业组成。现有的经济模式在新技术的冲击下促使着传统企业战略的不断改进，这样企业才能加速适应外部市场的变化。H 公司的经营重点转变为互联网时代的消费者提供满足其个性化需求的产品。在市场表现上，网络化企业的特点体现在企业无边界、管理无领导、供应链无尺度这三点上，他们之间有着严密的逻辑关系，如表 4－3 所示。

表 4－3　　H 公司“三无”观念之间的逻辑关系

三个无的概念	三个网络化的体系	三个自的机制	愿景	横向逻辑关系
企业无边界	网络化资源	一流高单自生成	每个人都是自己的 CEO，每个人都是资源借口	横向三部分间是逻辑递进的关系。先以三个无的观念形成网络化时代的新观念、新战略。再以三个网络化的体系形成新的组织，以保证最后三个自的机制则是可动态跟上时代步伐，持续发展
管理无领导	网络化组织	人单自推动	我的用户我创造，我的增值我分享	
供应链无尺度	网络化用户	单酬自推动	用户体验无尺度，员工创新无尺度	
纵向逻辑关系	第一层面的企业无边界和第二层面的管理无领导分别为必要和充分条件：即先将企业再造为网络化资源下的商业生态网，管理才可能聚散为网络化的组织，最后实现满足网络化用户需求的目标			结论：纵横相交的结果是网络化战略下的商业模式创新，体现出因果调节效能，并落实到战略损益表和二维表上

4.5 “大智移云”时代 H 公司的组织变革

企业管理的核心是人。随着时代的发展，H 公司的企业管理思想也从分工明确的流水线式科学管理逐渐发展到以团队协作、看板管理①为代表的人本管理。H 公司的组织架构经历了从传统的“正三角”模式到“倒三角”模式，再到现有的“节点闭环网状组织”的演变过程。

① 看板管理是指当有需求时，把生产指令直接下达到最后一道工序，在需要的时间通过看板的传递，逐步将信息传到前一道工序。这就使生产出的产品即是所需要的产品，数量不会被多生产，没有多余的库存，也不会产生浪费。

4.5.1 “倒三角”组织架构（见图4-1）

传统的企业组织架构基础是职能部门，每个部门负责一段环节，每个部门都有自己的利益，每个部门之间都有一堵无形的墙。因为传统组织是领导驱动，所以部门之间的协调往往要靠更高一级的领导出面，层级分明，这就是“正三角”组织架构（如图4-1所示）。这样的架构意味着用户需求信息需要一级级上报，领导做决策再逐级传达指令下去。

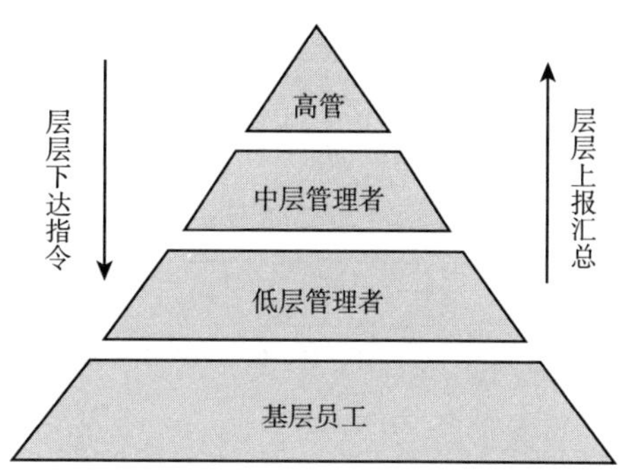

图4-1 传统“正三角”组织架构

在网络化时代，市场需求由传统的大规模生产向个性化定制转型愈发明显，企业要在网络化时代的浪潮中扎稳脚跟立于不败之地，必须要充分激发员工活力。H公司自2005年以来开始打造以“人单合一双赢”为核心的企业管理模式，即围绕发掘和创造用户价值，由关注价值取代关注价格的传统经营理念，由用户需求驱动企业里每一位员工努力为创造用户价值而创新，实现用户与员工之间的双赢。如此背景下，传统“正三角”架构的信息传递速度已经跟不上用户需求的速度。因此，H公司所做的第一步探索就是将其颠倒过来成为用户在顶部，领导在底部的“倒三角形”。

自主经营体是人单合一双赢模式下企业的基本创新单元，由横向划分为三类，由纵向划分为三级（见图4-2所示）。横向划分称为“三类”，是由研发类、生产类、市场类组成。每一类经营体以自有的任务为基础，以用户的需求为动力，在三类经营体之间实现横向一体化。纵向划分称为“三级”。一级自主经营体与市场和用户无缝对接为用户创造价值（网络价值流层面）；二级自主经营体服务于一级自主经营体为其提供运营支持（战略实施与监控层面）；三级自主经营体对外识别定义战略机会，对内负责机制创新实现自主经营体间的协同优化（战略规划与决策层面）。

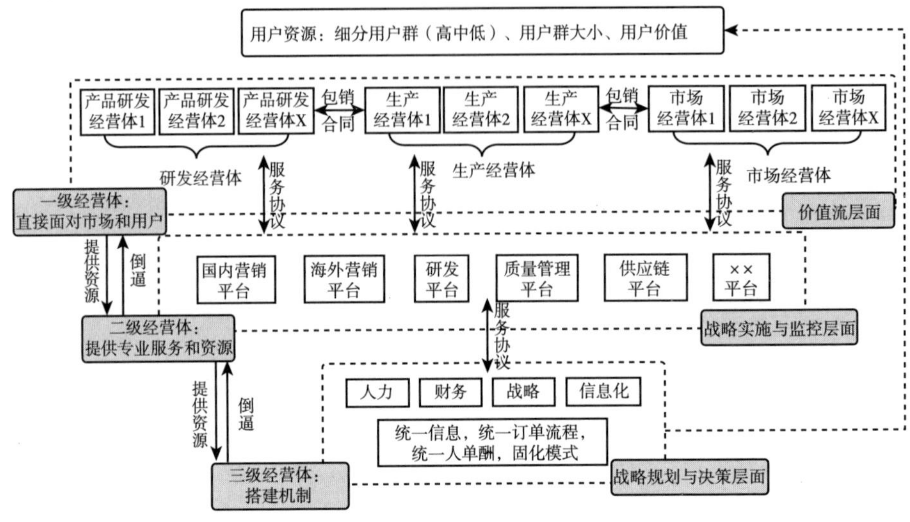

图4－2 人单合一自主经营体介绍

需要注意的是，纵向三级不是层级关系，每一级之间都是相互协同无缝连接。自主经营体由来自内部市场链各个环节上不同部门的人员构成，在用户需求的推力下，共同对用户的需求进行反应。而原有的职能部门将会与经营体融合，和自主经营体目标一致。自主经营体作为一个基本组织单位，人数组成介于个位数和十位数不定。每个自主经营体都结构完整，以一个整体的形式来面对市场和用户，来实现动态协同并为客户创造价值。每一个自主经营体的负责人和成员都是通过竞单上岗，通过损益表、日清表、人单酬表进行独立考核。

4.5.2 “节点闭环网络”组织架构

H公司的“三无”网络化战略促使平台组织下的“倒三角”式的自主经营体进一步向并联平台的生态圈方向探索，即组织的形式和成员均不固定，而是由用户的需求驱动成员形成组织，并在为用户创造价值的前提下创新。新的组织形式，利益共同体（以下简称“利共体”）应运而生。

“利共体”是指同一引领目标下，按单聚散，开放平台，由能承接利共体价值主张的自主经营体自主交互产生的组织，其目标具体体现在企业发展速度（单）的倍速和人走正确路的素质的倍速。利共体的形成有五个要素——同一目标、按单聚散、组织无边界、用户评价、契约协同。利共体推进的目标是平台化、市场化的小微自治公司。利共体的核心是自主经营体。

4.6 “大智移云”时代H公司的商业模式创新

未来，“大智移云”技术体现的商业价值尽在数据流中。其中，用户需求更是重中之重。“大智移云”技术能令制造业企业抓住机遇，对接用户需求，向虚实结合的服务制造业转型升级。

相较于其他制造业企业，H公司早在21世纪初就开始探索商业模式创新。对此，我们采用画布分析法[①]来分析H公司的商业模式创新，如图4-3所示。

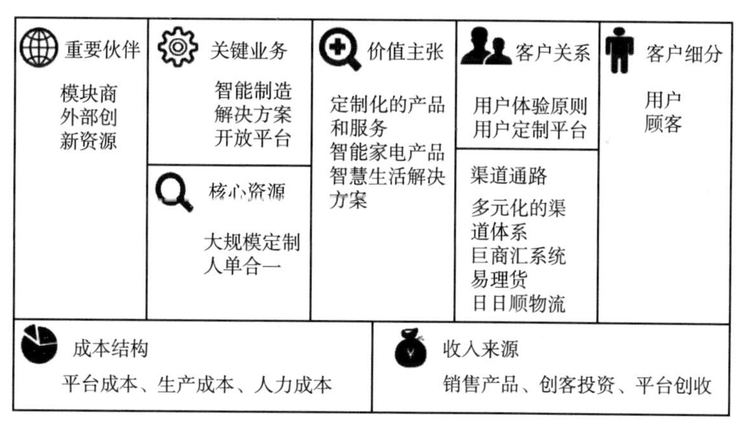

图4-3 “大智移云”时代H公司的商业模式创新

（1）H公司的价值主张与客户细分。H公司主张以用户为中心的价值

① 商业模式画布理论最早由蒂姆克拉克、亚历山大奥斯特瓦尔德和伊夫皮尼厄在《商业模式新生代》（Business Model Generation）一书中提出。商业模式画布理论认为商业体是由四个主要部分组成的，分别为：客户、产品或服务、基础设施以及金融能力。而这四个商业部分又可以细分为九个模块，分别是价值主张、用户细分、核心资源、关键业务、重要伙伴、用户关系、渠道通路、成本结构和收入来源，并以画布图形的方式直观地表现出来，作为分析企业商业模式的工具。

理念，认为企业与用户并不是简单的买卖关系，企业与用户之间系交互关系，用户关系价值远远大于交易价值。公司把每一次交互都视为用户数据采集、挖掘和与用户建立交互关系的过程，通过交互引领用户需求，让用户适时参与设计，通过了解用户的需求，为用户定制产品。H公司认为随着时代的发展，产品生产已经进入个性化与定制化时代，公司通过新媒体渠道，广泛吸纳消费者的意见和建议，并且洞察消费者的未来预期，围绕用户需求去整合资源建立连接。

（2）H公司的客户关系。H公司的用户定制平台除了建立用户全流程参与机制外，还搭建了用户定制平台和物联网生态圈。相较于个性化定制的“小农生产方式”，只有搭建一个社会化平台——用户定制平台，才能让用户不再从头到尾“小而全”地自己单干，而是为他们提供通用工具、资源，让他们把精力集中于真正的与众不同上。

用户定制平台的原则有：一是与用户进行有温度的交互。展望人类下一次的商业模式革命，就是要实现从交易向交互的升级，背后基本面是无差异的制造向差异化的服务升级。二是体验无缝化。体验无缝化从用户需求角度讲，是指由一个企业牵头，一次性满足用户的多种需求，而不是让用户自己去找满足每一个需求的服务提供方。

（3）H公司的渠道通路。H公司的线下渠道整体呈现负增长态势，线上渠道占比持续提升但增幅放缓，线上线下融合趋势明显，电商平台加速农村市场的网点铺设，传统线下渠道也在尝试运用电商发展自身业务。H公司各渠道生态日渐多元化，在国内一二三四市场实现了全覆盖，随时随地为客户提供便捷购物体验。

巨商汇系统100%覆盖经销商客户；易理货全覆盖乡镇级门店，实现对经销商从下单、销售、库存及售后的实时管控；物流仓储面积470万平方米，车小微数量10万辆。提供24小时全天候送装一体服务，为用户提供及时上门、一次就好的成套服务。

（4）H公司的核心资源与合作伙伴。H公司智能制造的核心竞争力是以用户为中心，由大规模制造向大规模定制转型，实现用户的终身价值。H公司已建成11家全球引领的互联工厂样板，形成了全流程互联互通的能力和生态体系。业务涉及冰箱、洗衣机、热水器、厨电、空调、电机等领域，满足了用户高端化、个性化的需求。客户参与的大规模定制占比达 52%，全流程参与的占比达 19%，实现了产品不进或少进仓库的突破，同时还推动了全流程的运营效率的提升。

H 公司与家电连锁企业（国美、苏宁等）、电商平台（天猫、京东等）、区域家电分销龙头企业都保持着良好战略合作关系，并建立自有渠道和综合店渠道。

（5）H 公司的成本结构。库存成本：智能制造工厂平台通过可预测的订单和智能排产降低了库存成本；人力成本：高度的自动化使工人数量大幅减少，人力成本也随之减少。生产成本：模块化的产品设计在很大程度上减少了生产资料的浪费，大幅降低了生产成本；规模经济：智能生产解决了定制化生产的成本问题，可以形成规模经济；范围经济：柔性化的生产有利于 H 公司进行多产品生产，从而形成范围经济。

5

H公司成本管理现状及问题分析

为了更加全面细致地了解被调研目标企业H公司“大智移云”技术应用情况以及“大智移云”技术对企业成本管理创新的路径，调研小组前往H公司，分别对企业中层管理者、高层管理者、企业基层员工进行实地调研（见表5-1）。

表5-1 实地调研安排表

序号	环节	地点
1	工厂、互联工厂	青岛互联工厂
2	研发	
3	采购	
4	物流	
5	生产	
6	共享	
7	销售	
8	COSMO	
9	总结提问	
10	电话采访	学校

5.1 H公司成本管理现状

5.1.1 基于战略发展的成本管理现状

随着每次H公司发展战略的改变，其采用的成本管理方法也成为相应变革后的产物，H公司经过几轮战略调整，目前形成了一套完备的以顾客价值为导向的战略成本管理方法体系。

H公司在多元化战略阶段初次引入战略成本管理方法，为了提高产品质量的同时保证生产成本的节约，H公司对生产经营环节实行了全面质量管理，将生产经营环节的每一个链条进行责任划分，实施绩效考核；国际化战略阶段是H公司成本管理方法转型的重要阶段，在这一时期，H公司完成了从传统成本管理方法向战略成本管理的转型工作。在这一阶段，H公司开展了轰轰烈烈的基于“市场链”的“流程再造”。“流程再造”将企业内部价值链条进行了优化重组，在生产效率的提升以及对市场的反映程度的提高等方面取得了显著成效；此外，在国际化战略阶段，H公司为适应国际化发展需求，适时引入了JIT管理系统，构建了自由物流体系，产品配送效率大幅提高，对原材料的管控加强，减少由呆滞库存引起的资金占用，有效降低库存成本。

在全球化战略和网络化战略初期，H公司为了适应全球市场环境变化，“人单合一”管理模式被探索出来，在该模式下，H公司让员工直接感知外部市场顾客需求，员工可以根据市场变化做出决策，最终实现将用户需求转化为产品，进一步探索挖掘出顾客价值。H公司战略成本管理方法的应用，从最初的将顾客需求同战略成本管理进行融合，正逐步发展成为一个完善的以顾客价值为导向的战略成本管理体系。

5.1.2 基于业务流程的成本管理现状

H公司是一家集家电产品研发、生产、销售于一体的制造服务企业，因而业务涉及广泛。H公司业务流程主要由以下几部分构成：首先，是基于用户需求的产品研发阶段，对研发的产品在经过精密的销售预测、盈利水平预测、投入产出比例计算等，确保性能与目标利润率之后，才能全面投入生产；其次，是生产阶段，集团总部根据工厂自身生产能力以及地域分配等因素确定相应工厂的生产规模，与此同时制定相应的采购计划和生产计划；最后，是销售与售后服务阶段，产品销售是企业获取最终利润流入的阶段。下面将具体阐述H公司每一个具体业务环节的成本控制现状。

5.1.2.1 研发环节成本管理现状分析

H公司遍布全球的“10+N”开放式网络研发中心助力其整合全球的资源网络和用户网络。其中“10”是指H公司建立的遍布全球的十大研发中心，分别分布在欧洲、日本、美国、韩国、新西兰、印度、墨西哥等地；而“N”是指包括用户在内的开放式创新体系接入的所有的研发资源。十大研发中心构成了H公司“10+N”网络中的最为重要的触点，其通过自有渠道了解用户需求，然后将用户需求转化为产品创新，在创新过程中广泛接入包括合作方以及用户在内的外部研发资源。H公司搭建的开放式网络研发部，大大提高了H公司研发体系的创新效率，然而随着研发效率的提升，单一产品研发环节成本控制也成为降低产品总成本的关键环节。

“大智移云”技术的应用让H公司的研发环节发生了变革，由过去粗糙的市场调研发展为目前从大数据中提取用户需求信息，从用户的需求出发来倒推产品企划和研发的模式，用户需求的获取渠道目前主要有两种：其一，H公司通过自有的引流交互平台，如企业邮箱，同时安排专门的业务人员对网上的用户需求数据进行一些分类筛选，对不同的用户人群进行区分，找到业务增长的机会点；其二，聘请专业的第三方调研公司做更细化的市场的专项调研。针对这些已知的用户需求，再进行产品的企划，把机会点转化成一个一个的产品设计。应用虚拟仿真手段，汇集产品虚拟特点制作仿真模型，让用户体验虚拟仿真模型，进行产品性能的快速验证。H公司慧家庭利用物联网、人工智能、大数据，为用户提供软硬件全套解决方案，让用户实现智慧生活的体验。

产品在研发阶段的成本控制对控制产品总成本起到关键的作用。H公司通过模块化的研发加快产品更新的速度，研发效率显著提高，并通过全面预算管理，将研发成本控制在合理预算范围内，达到有效的事前控制。H公司将用户划分为高、中、低端不同等级，对不同等级的人群匹配不同的产品系列。同时，对比分析同行业竞争对手的情况，财务部门基于以上信息结合公司的产品阵容，生成下一季度或者是下一年度的产品阵容。针对每一个产品系列内部，再进行更加细致的布局，如针对不同产品型号分别预测用户需求。虽然前期产品研发存在风险、资金需求大、研发周期长，但是一旦基于用户需求设计的产品成功上市，客户群体既定的情况下，市场上的回报也会快速实现。

表5－2 研发投入明细表

年份	2013	2014	2015	2016	2017	2018
研发投入（百万元）	2093.06	2399.65	2461.44	3248.76	4588.99	5080.60
占营业收入比重（%）	2.40	2.70	2.70	2.70	2.88	2.77

如表5－2所示，H公司在2013—2018年，研发投入呈逐年递增趋势，从最初的20亿元增长到50亿元，研发投入所占营业收入的比例基本维持在3%左右。截至2017年年底，H公司拥有超2.1万项发明专利，其中海外专利达到9000余项，涵盖25个国家和地区。H公司实现了包括发明专利占比、海外专利数量、PCT申请量和专利市场收益在内的四项行业第一。

5.1.2.2 采购及生产环节成本管理现状分析

H公司的互联工厂现已通过搭建定制平台、模块商资源平台、HOPE和海达源信息化系统实现了包括用户交互、智能制造、模块化采购、物流和售后服务等多个节点之间的有效衔接，形成以用户需求为导向，各供应链条之间相互沟通的完整体系。在过去的生产模式下，各个环节通过信息的层级传递，实现信息从系统前端到后端的传输，在这种串联模式下，用户需求信息被持续弱化，信息传输速度影响数据获取的时效性，导致后端难以感受到前端用户需求的变化；然而，在互联工厂的并联模式下，各个节点连成一个闭环，用户处在中间位置，用户的需求向外不断辐射，同时被每一个节点接收，每个节点都实现与用户零距离接触，为用户提供同步的服务。在互联工厂模式下，供应链的中间环节变少，供应链长度大幅缩短。采购部门不再独立完成寻源、评估、选商等工作，通过平台化开放式采购，改变了原有根据产品线链接少数供应商的做法，跨产品线与模块商的互动，加快了产品开发速度，产品品质得以提高。随着新模式的成熟和发展，提高了采购及生产环节的运行效率，降低了运营成本（人员精简、营业成本降低、效率提高）。

H公司在“大规模定制”的整体基调下，采用JIT采购、JIT生产、JIT配送方式，三个JIT流程同步进行，形成从用户出发到采购部门再到生产部门及配送的全体系业务流程。JIT的基本思想是“在需要的时候，按照需要的数量，生产所需的产品”。JIT模式经过多年的发展与完善，已经成功帮助H公司实现零库存或库存量达到最小的管理，有效避免生产过多的产品，减少生产上的浪费。

H公司在进行具体的采购时，通过招标竞价、正式供应商的抢单，在满足了采购标准的同时，将采购成本降到最低。H公司每年的采购金额有100多亿元人民币，通过招标竞价，可将采购价格减少5%左右，采购成本的降低可以直接反映在利润的提高，或者使其产品售价在市场上更具竞争力。H公司拥有一整套完整的供应商筛选体系，根据需求与供应商建立不同层级的合作关系，具体包括：一般供应关系、合作伙伴以及战略合作伙伴，保证大部分供应商是稳定的同时，通过事后对供应商的考核评价体系，实行末位淘汰制，不断动态优化供应商团队，如表5-3所示。

表5-3 对于供应商的筛选机制

项目	权重	说明
来料合格率	35%	采取现有执行模式“每月合作笔数低于10批次不做考核成绩”
交期及时率	30%	采取现有执行模式“物控主管负责数据汇总及评估”
服务	10%	采取现有执行模式“各部门制定相关评分标准”
质量整改提升	20%	根据临时异常反馈及月度异常反馈，完成效率和影响出货评定
额外加减分项	10%	可根据“规范管理和检查”适量进行加分及减分

在互联工厂的生产环节中，“U+”平台接收到用户订单信息，将用户需求与互联工厂对联，互联工厂采用的高柔性智能制造生产线根据订单会自动排产，并同时将信息递送给供应链系统中的所有模块商，这些模块商包括全球一流设计师、供应商、物流配送等。互联工厂现已接入IMES全程订单跟踪执行管理系统，为工厂装配了超过200个RFID，4300个传感器，60个设备控制器，全面实现设备与设备之间的互联、设备与物料之间的互联、设备与人之间的互联，用户通过IMES（室内定位系统）系统，可实时观看订单生产状态。以胶州空调工厂为例，胶州空调工厂是H公司在此模式下建

设的互联工厂之一，胶州空调工厂生产的空调的颜色、性能、外观、结构等可全部由用户需求定制。用户下单后，订单送达互联工厂，互联工厂随即开始启用所需模块，通过各个模块的拼装，用户实现对不同功能的选择，并且将产品制造所耗时间大幅缩减，在整个制造过程，用户可以通过移动终端设备实时获取订单进程，全程可视化的生产流程，用户可实时观看了解定制产品在生产线上的进度和位置。

H公司生产环节主要采用标准成本与作业成本相结合的方法，即以一个相对成熟稳定的目标成本作为衡量标准去控制实际成本。事前进行投资回报率标准的测算，制定相应的对赌协议，明确物料、人工、财力等各种资源的可消耗量，作为产品生产的目标成本。在生产线的线体上主要采用作业成本法，制造成本费用中，主要包括人工费用、能源费、设备维护费用等，确立各工序流转中的作业动因，如将人工费用按照工时进行分摊，设备生产费用按照机时进行分摊等，针对成本核算反映出的问题适时调整作业的执行方式，将无价值作业消除。

5.1.2.3 物流环节成本管理现状分析

H公司物流配送成本主要包括四部分，分别为物流运作成本、物流相关成本、存货保有成本和反向物流成本。物流运作成本由运输成本与仓储运作成本构成；物流相关成本由管理费用与IT系统成本构成，信息的传递需要工具，IT系统成本指的就是用于购买信息传递产品所需要耗费的成本，其中还包括GPS、GIS等运输车辆所需要用到的信息传递设备等；存货保有成本主要由资金占用成本、库存服务成本、库存风险成本以及产品价格调整损失构成；反向物流成本主要包括退换货、再处理、废弃物处置费用等。

H公司在全国各地建立转移中心，货物从工厂先配送到各地的转移中心，转移中心再负责将货物配送到客户，基于转移中心的新模式，H公司提出概念成本新理念，用于将综合将成本分配到转移中心。H公司的运输成本占物流总成本比例最高，达到45%左右，概念成本占比35%，仓储成本占比20%，从占比上看，H公司采取的JIT配送模式有效降低了库存，大幅度缩减了仓储成本。

H公司整个物流流程是系统自动触发的，如图5-1所示，从经销商营销、客户订单、传输到物流系统、分拆聚合大订单、配送资源自动匹配，最后到仓库自动补货，实时自发完成，客户可以看到车在哪里，大概什么时候到目的地。H公司物流要素包括路由、仓储与社区。路由即是车辆配送的路径，社区是H公司根据大数据分析得到的最佳客户范围划分，在每个社区的专属路由上，设定损益表，力求收入、流程与支付的成本匹配，做大利润最大化，成本最小化。“大智移云”在其中扮演了十分重要的作用。

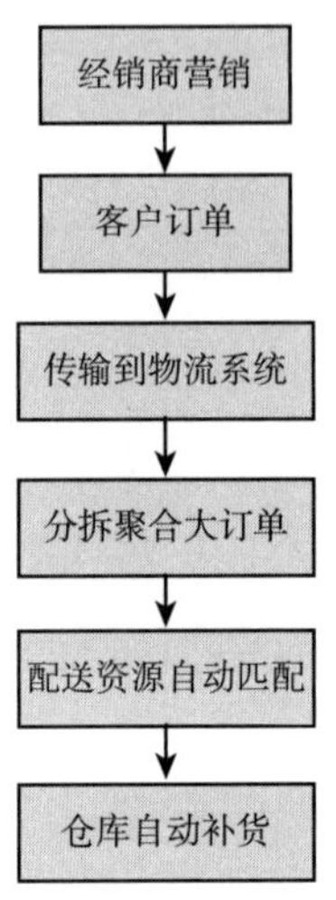

图5-1 H公司物流流程图

H公司应用“大智移云”技术在物流环节主要体现为：进行路由、仓储、网点的设置，进行行业的同比与环比；匹配管理，不同人群的需求管理；多业态的合同管理，增加时效性；精细化与定制化的数据指导。应用移动互联网进行实时定位车辆轨迹，预判是否准点，把握运营节奏，进行实时业态大屏展示。运用云计算进行物流千万级以上数据计算。应用微电子标签技术感应监控仓储与物流。最终实现物流自动化，利润最大化与成本最小化的目标。

5.1.2.4 销售环节成本管理现状分析

H公司构建了集专业连锁卖场、直营、电商、分销公司等于一体的多元化经销渠道。如图5-2所示。为了实现线上与线下的融合，H公司经销商开设的线下门店或智能体验中心遍布全国大中小城市，让用户更多得体验到智慧家庭产品，实现线下体验，线上购买。H公司的营销渠道趋于扁平化，渠道管理中心面向终端市场，渠道成员关系逐步从交易型向关系型转变。口碑营销是其一直强调和推广的，充分利用媒体平台，如天猫、自有APP、客户端平台等。

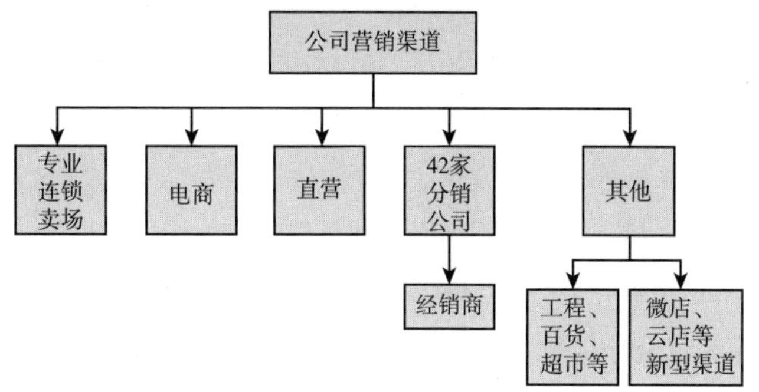

图5－2 营销渠道构成

H公司与经销商、代理商在一二级城市主要通过开立店中店和专业连锁卖场展开合作，在三级城市以专卖店为主，四、五级网络是二、三级销售渠道的延伸，同时，H公司鼓励各个零售商积极开发新网点。目前H公司已经在国内建立营销网点上万个，但建立在中小城市特别是农村地区的销售渠道相对有限。此外，在海外市场，H公司选择直接利用国外经销商现有的完善的销售和服务网络体系，极大地降低了电商渠道建设成本。截至目前，H公司已在全球31个国家和地区建立了经销网，使H公司产品能够随时进入世界上任何一个国家。

H公司通过内部OTC流程，从用户下订单开始，通过用户信用管理，占用用户资金额度后，触发物流系统，物流开始发货，通过一次、二次物流运送至客户。在这过程中财务人员利用大数据技术主要协助业务部门做好以下五点分析，削减销售费用。

第一，结合H公司中心仓数据以及从分公司获取的盈利情况的数据，不同的产品从不同的角度分析其费用投向的渠道、客户、区域情况，汇总分析每一类产品型号在行业中的竞争力，以及如何调整、关闭与竞争对手之间的差异。销售端在生产端毛利既定的情况下，通过将销售的产品结构不断优化，达到提高毛利的效果。以周为单位利用大数据进行投入产出分析，根据分析结果进行动态的实时调整，达到产出最大化。

第二，对于产品的退换货进行分析，确定到具体区域、具体产品，根据发现的问题，研究不良品率出现的原因，及时反馈给相关部门。

第三，基于经销商商业数据分析，基于获取的经销商数据，将经销商主要划分为：服务商、零售商、批营兼营等，对零售商、服务商针对每一类产品制定详细的准入资质考核体系，并实行对赌承诺，对资质不符合的经销商进行降级处理，将资源配置最优化。帮助经销商分析现阶段商业周转是否在合理区间，对于未来如何经营实现产品的良性运转。

第四，H公司建立了能够存储上亿用户数据的SCRM大数据平台，包括用户的产品购买数据、售后服务数据、社交媒体数据、官方网站数据等，以用户数据为核心，利用用户画像模型连接分散在各个信息系统中的用户数据，最终呈现出一张基于用户特征的360度画像，精准洞悉用户需求，对用户进行营利性分析，将用户基于产品生命周期划分为成长期、成熟期、衰落期，匹配不同的产品，以将资源投放更为精准化，降低营销费用。

第五，利用风险地图的大数据系统实时监测全流程中30多项风险。通过大数据分析的动态显示结果，及时洞察风险问题，如库存周转、应收周转、报表合理性的问题，进行实时预警。基于现状、机遇、预测未来，计算出产品最优投放方向。

5.2 “大智移云”技术在H公司成本管理中的问题分析

5.2.1 “大智移云”技术对H公司商业模式产生的冲击

在“大智移云”时代背景下，H公司紧紧抓住机遇，加快了向服务制造业转型的脚步，打造了“U+智慧生活云平台”“COSMOPlat工业互联网云平台”“顺逛社群交互平台”三大平台，以推进大数据的应用。通过大数的采集，H公司投身于以创造全景智能生活体验的方式，为用户制定美好生活。

与此同时，H公司的COSMO平台整合了H公司的合作伙伴，包括模块商资源平台中的供应商群体，平台开放免费的特征大大降低了成为H公司合作伙伴的门槛，吸引了大量模块商入驻，这不仅充实了H公司的供应商数量，也丰富了供应商的类型。H公司的另一个合作伙伴是开放创新资源，通过建立开放共创机制，使H公司的研发能力得到加强，研发时间缩短，研发成本降低，达到了共创共赢的目的。H公司在“大智移云”时代背景下，其目标是实现智能化时代的引爆引领，成为后电商时代的平台，比电商平台已有的便宜、便捷的特点更具竞争力，同时又具备电商平台所缺失的诚信体系，将用户流量升级到可以共同增值的生态圈。

5.2.2 “大智移云”技术对H公司生产方式产生的冲击

H公司搭建大数据信息系统将原有各事业部独立的研发、采购、生产、销售业务全部整合成统一的市场链业务流程。形成支持订单开发的创新流程3R（即HR、RD和CR，其中HR为人力资源开发流程，RD为研发流程，CR为客户管理流程）和支持订单实施完成的基础流程3T（即TPM、TBM和TQM，其中TPM为全面生产管理流程、TBM为全面预算管理流程、TQM为全面质量管理流程）。3R和3T以公司的职能中心为主体，形成完备的市场链支持体系。以上做法的实施，有效降低了库存呆滞率，还为实现订单、定时、定人、定量和定点的五定配送提供保障，使H公司由原来的大批量生产转为大批量定制，极大地提高了生产效率。互联工厂利用“大智移云”技术实现大规模定制生产的条件主要有：

第一，企业和生产软件。传统的SCM（供应链管理）与ERP（企业资源计划系统）相结合，系统每天自动生成BOM（物料清单）；利用MES信息化系统实现产品生产质量的全程跟踪与控制；SCRM大数据平台可将定制的顾客订单直接转换为采购和生产指令。利用该系统，生产人员不仅知道该装配什么，而且能够基于零件库存告知消费者实际的提前期，后台软件计算还能够平衡生产过程。

第二，个性化柔性制造系统。柔性制造系统是保证小批量定制生产赢利的关键。虚拟仿真手段的应用，把收集到的产品虚拟的特点转化成一个可以体验的仿真模型，然后再把这个仿真模型反向推给一些特定的用户群，进行快速的验证，最终形成真正结合用户需求的产品方案。这些技术在加速产品的迭代周期、缩短研发中心方面成效显著，将研发效率提升大概30%。3D打印由于成本高，尚未应用。

互联工厂大规模定制的真正实现需要借助于不同的技术，协调公司不同部门为顾客创造价值，降低交易成本，缩短提前期。要推动新一波的大规模定制浪潮，领导者要与业务部门、IT部门和其他职能部门紧密合作。如表5-4所示。

表5-4 “大智移云”技术在各部门协同化支持大规模定制

	增加价值	控制定制成本
产品服务研发	利用大数据和辅助开发者开发出选项；“推荐选择”	模块化开发；将开发制造紧密结合
供应链	通过扫描、RFID（电子标签）保证供应链可见度；利用有限的标准模块和很多可选项提高定制水平	基于目标成本服务定制需求和管理能力；将用户定制化尽可能放在流程后端；在资本投入较低的流程环节实施定制
销售	创造定制化营销机会： 商店成为展示屋 动态产品结构管理能力	提供简单、有趣的在线定制工具，吸引用户参与，收集用户需求
IT基础	增加用户会面、数据挖掘、数据分析的软件投资（升级ERP）管理更复杂多变的产品服务；利用后台IT技术整合电子商务和数字战略；利用技术支持生产，降低投入端的复杂度	

6

“大智移云”时代H公司成本管理现存问题及创新方案

通过调查H公司研发、采购、生产、物流、销售相关的管理现状以及存在的问题，本案例研究将从以下三个维度提出优化方案。其一，研究H公司供应链，结合业务与“大智移云”技术，对供应链进行详细设计，优化对物流、采购、生产的成本管理。其二，研究H公司大数据信息系统架构，从信息资源利用与挖掘角度，优化信息系统架构与数据挖掘模型，探究其对研发成本管理的影响。其三，研究H公司财务共享系统，结合“大智移云”技术构建现代财务共享决策与可视化系统架构，探究其对企业成本管理的影响。

6.1 H公司面向服务供应链系统总体规划方案

本案例对供应链的研究包括H公司供应链的现状、问题与目标，基于此，案例结合“大智移云”技术对供应链功能板块与业务流程进行了详细设计，并分析供应链改造对采购环节、物流环节和生产环节成本管理的影响。

6.1.1 H公司供应链系统现状概述

6.1.1.1 H公司供应链系统功能描述

H公司的供应链系统主要实现三个层面的功能。

（1）支持企业运作。调研得知，H公司的供应链系统实现订单处理、采购管理、客户管理、供应商管理、销售管理、物流管理、仓储管理、售后服务、资金管理等功能，完全支持企业日常经营活动。供应链的存在使得企业运行有条不紊，在相互协同的过程中实现面向客户的产品价值创造。

（2）获取用户数据。H公司通过供应链信息系统的管理，获得用户体验数据，从而提升公司的服务营销能力。公司可以从供应链系统获取物流服务、销售服务、产品质量、产品设计、售后服务等反馈信息，了解用户的需求与对产品的态度，从而支持企业对供应链的优化与产品的创新，最终达成客户满意指数的提升以及企业价值的创造。

（3）进行绩效考核。供应链是H公司对于企业各方面进行全面考核与数据收集的重要途径。公司基于供应链数据进行绩效考核，得到服务质量、营销能力、公司运营等各方面的考核数据。同时，公司进行指标设立，对获取的考核数据进行横纵对比，评价员工绩效，实现员工激励最大化。

6.1.1.2 H公司供应链系统模块设计

H公司供应链系统业务模块可分为大数据支持管理模块与决策相关信息管理模块。大数据支持管理模块包括营销管理、采购管理、生产管理、仓储管理、服务管理、物流管理等模块。大数据支持管理模块聚合了客户需求、企业产供销数据以及物流管理，为企业运营打下坚实的基础。决策相关信息管理模块包括资金管理方面的运营成本管理与基本财务管理，关系管理方面的供应商关系管理与客户关系管理，绩效管理方面的全流程监控、全网可视化和服务绩效测评等。决策相关信息管理模块提供客户、供应商关系，建设考核体系，管理企业资金，监控企业全流程，为企业做出决策提供依据。

具体架构如图6－1与图6－2所示。

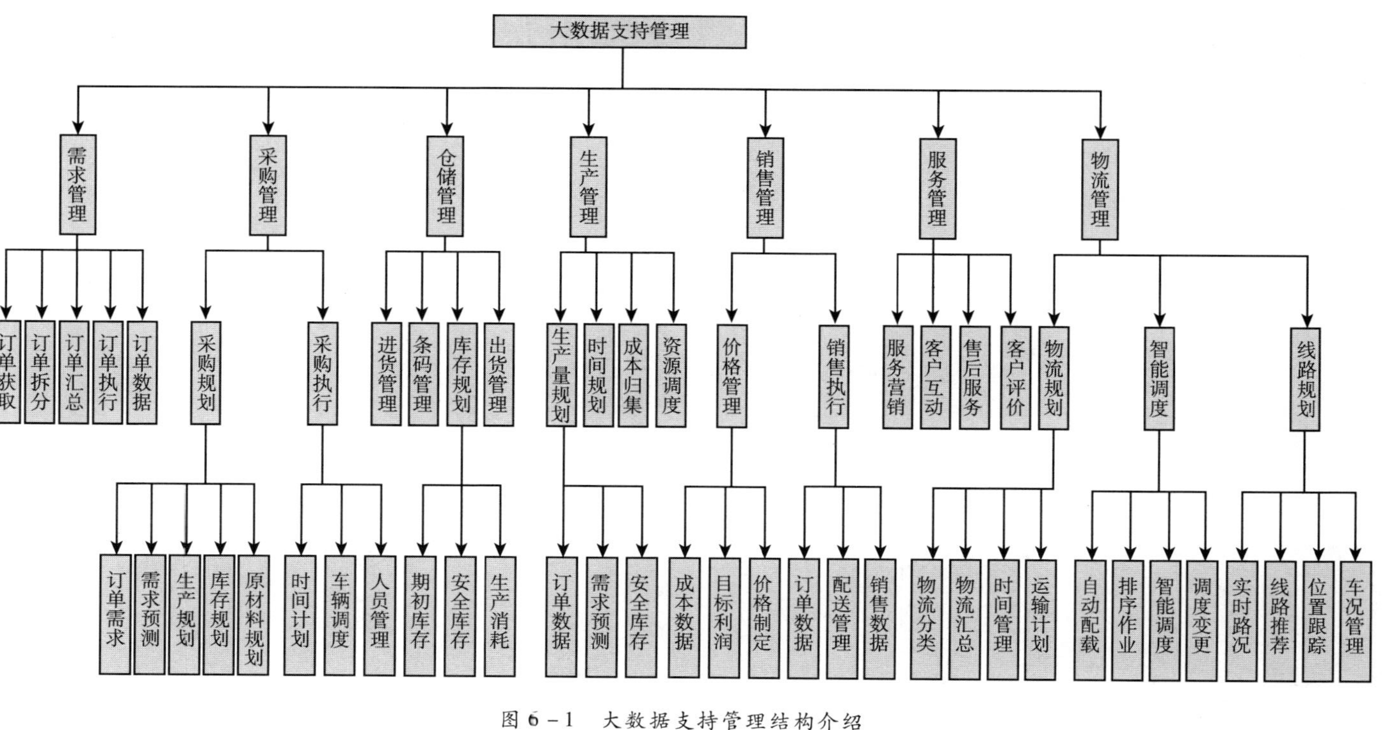

图 6-1 大数据支持管理结构介绍

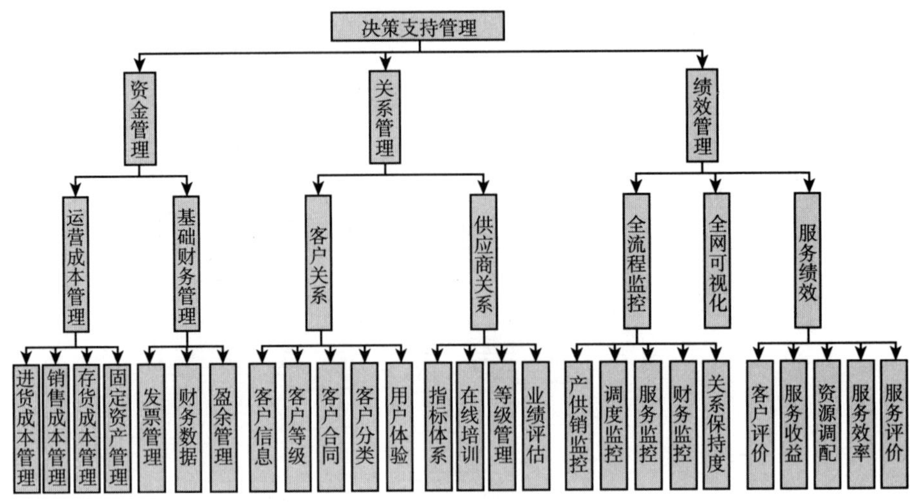

图 6-2 决策支持管理结构介绍

结合 H 公司供应链系统业务模块设计，对业务流程进行设计。整个业务流程如图 6-3 所示，以客户需求为起点，以满足客户需求为终点，以企业利润最大化为核心。业务流程中一共包含 9 个重要模块，各个板块相互联系、相互协调，实现供应链成本最小化，客户满意度最大化。第一，通过服务营销、客户互动，使用电商、新模式等销售渠道获得订单；第二，需求分析预测模块综合订单数量、客户需求、商品库存状况、资金状况，制定生产任务，再结合供应商关系、原材料库存状况，规划采购任务；第三，将采购计划提供给物流进行采购，进行实时的道路监控与车辆调度；第四，工厂使用原材料，按照生产计划进行标准与定制化的生产；第五，按照用户需求，调度物流进行销售，提供售后服务，接受客户评价。具体模块功能分为以下 9 个方面。

（1）用户需求模块。从电商渠道、新模式渠道和传统渠道获得用户大规模需求，从模块定制获得用户选择性需求，从众创定制与专属定制获得创造性需求，这些需求一方面进入材料采购模块进行订单整理，另一方面进入需求分析模块进行需求预测和产品规划。

（2）需求分析与预测模块。从用户需求模块获得用户的不同需求，通过大数据挖掘，预测未来需求量；通过聚类算法，进行新市场与新产品开发。结合决策信息模块的条件限制，对本期的销售量进行预测，做出安全库

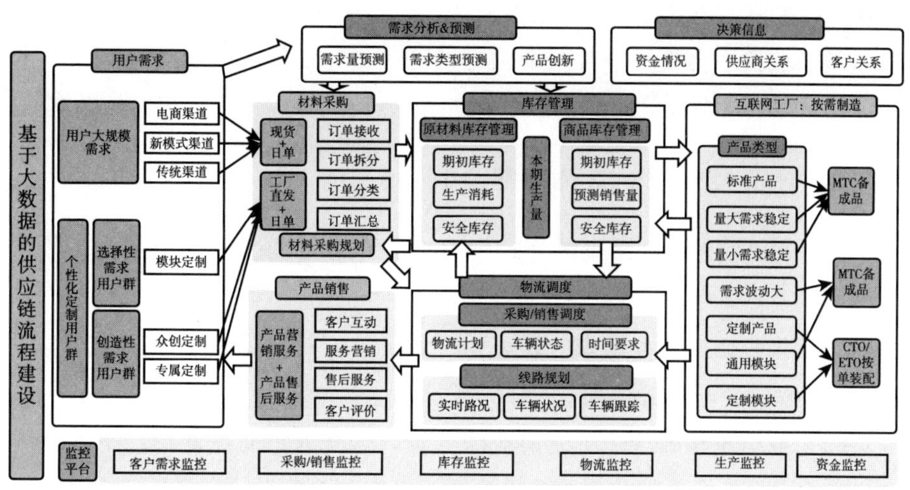

图6-3 H公司供应链系统业务流程设计

存与材料采购决策。

（3）决策信息模块。包括企业的资金状况，供应商管理与客户管理等信息，是做出决策必须考虑的因素，作为需求分析的限制条件。

（4）库存管理模块。产品库存模块通过需求分析模块得到的预计销量和安全库存，推算出本期生产量；结合客户需求计算生产的时间计划。原材料库存模块通过本期的生产量计算材料耗用量，结合安全库存与期初库存，得到材料采购量；结合生产时间计划制定采购计划。

（5）材料采购模块。对订单进行分类整理，上传订单数据，根据原材料库存与生产计划确定采购计划，进行采购调度。

（6）互联网工厂制造模块。获得生产计划与原材料后，进行产品的生产与装配。按照客户需求类型的不同，选择不同的生产模式。标准化、量大稳定、量小稳定的需求实现稳定的规划生产。需求波动大与通用模块的需求，实现阶段性小规模生产。个性化与定制模块的需求实现定制生产。以此实现按需制造的经营模式。

（7）物流调度模块。得到采购与销售计划，通过实时监控车辆的位置与负载情况，以成本最小、时间优先的原则，通过实时路况的监测，对车辆进行线路推荐，调度车辆进行采购与销售。

（8）产品销售模块。通过产品营销与客户互动，促进客户产生订单，并基于订单向客户发货，提供售后服务。

(9) 监控平台模块。对整个供应链流程进行监控，实现及时纠错，全网可视化与绩效考核。

6.1.2 H公司供应链系统问题分析

通过调研发现，在供应链管理中H公司以业务为主的应用系统环节较为薄弱，主要体现在六个方面：

(1) 用户数据获取困难。H公司除物流、安装和维修业务，其他业务模块无法获得用户体验数据。

(2) 业绩考核困难。H公司业绩考核数据获取目前停留在订单处理和仓库管理，缺乏全数据收集的有效途径，不能对业绩进行全面的考核。

(3) 系统融合度低。H公司各系统的功能没有实现集成，数据未实现共享，无法实现全流程跟踪，无法调取全网数据。在全服务流程中，仓库、配送、人员、财务等环节过于依赖人工操作，很难见到信息系统的踪影，这大大增加了人力成本。同时，也无法及时、准确地得到相关的数据信息，反馈及时性差。

(4) 物流调度能力差。H公司缺乏充分调度物流人员的能力，无法完成小时级别的配送目标，如果订单数量出现大幅度增长，还需要启动“应急配送”才能保证服务目标。

(5) 客服服务水平低下。由于H公司服务人员无法获取产品与服务数据，在与客户交流时过于依赖记忆及经验，导致无法兑现客户承诺，降低了服务营销水平。

(6) 剩余产能利用率低。由于H公司物流运输实施专属地区专有线路专有车辆，当采购加急与配送加急时，无法调度跨区域的空闲产能。

6.1.3 H公司供应链系统改进目标

为了解决上述问题，提高H公司整体竞争力，本书提出创新对策为H公司供应链系统实现两个建设目标的优化：第一，从数据获取层面来看，H公司收集、整合和分析大数据可以增加企业竞争优势，其优势主要体现在成本的领先性和服务的独创性。第二，从功能层面来看，H公司供应链信息系统完成后，可以降低企业的可变成本，并增加服务营销，减少人为操作错误，全面提升服务水平。

从数据获取层面来看，供应链系统优化后需要获取到如下数据：主要包括满足考核要求的员工工作行为数据；与用户行为、需求、评价相关营销数据；有地域特点的用户服务需求；有地域特点的物流数据；与产品为主线的采购、生产、销售、安装、服务和维修的全流程数据以及与决策相关的行业数据、交通数据、企业信用数据、经济环境等数据。

从功能层面来看，供应链系统应该实现以下功能，主要包括：（1）自动化。实现订单自动拆分，生产自动规划，车辆自动调度，配载自动管理，最佳路线推荐，运营实时监控等功能，提高效率，减少差错，拟合最优方案。（2）可视化。提供全程可视化管理功能，支持企业运营全流程监控，中维度的数据挖掘与高维度的战略决策。（3）知识库。建立产品知识库，跟踪供应链中产品的整个过程，为服务提供支持数据，满足个性化客户的需求，并提高客户满意度；记录解决措施与经验，实现解决措施经验传递，提高服务效率。（4）管理功能。提供企业基础管理模块，该模块包括外勤人员管理、资金管理、客户关系维护等功能。

6.1.4 H公司供应链系统成本管理创新对策

基于“大智移云”下的供应链构建H公司实现供应链各个环节成本管理创新，这些环节包括销售环节、采购环节、物流环节和生产环节等。“大智移云”在供应链管理中的应用，全面汇集于分析客户需求，可以比较精准的预测未来销售数据与安全库存。企业根据销售预测数据，可以规划生产与采购，尽可能地减少库存的资金占用与消费者需求错配。客服利用客户需求数据，可以提高营销效果与服务水平，从而带来企业整体成本下降，效率提高，客户满意度提高，市场竞争力加强。

6.1.4.1 销售环节成本管理创新对策

“大智移云”技术下实现精准销售预测与客服推荐，销售环节成本管理创新对策包括销售环节客户需求提取、需求预测、产品营销以及客服服务四个方面。

（1）用户需求数据取得成本变高。大数据下对用户需求的提取不仅包括订单数据与销售数据。还包括企业APP应用、Web企业官网、第三方购物软件日志数据中用户使用的频率、点击的次数、浏览的时间、页面内容、平均页面下钻深度、产品种类、消费额度等新信息。这些信息需要通过区别于传统静态数据的大数据实时数据传输技术来获取，并通过日志解析技术得到结构化的用户行为信息。“大智移云”技术下信息的取得成本变高。

(2) 用户需求精准分析，资金运用效率高。通过用户行为信息与商品页面详情，结合企业历史订单与销售情况，利用聚类分析，可以得到用户群分类。利用判别分析可以得到用户群的产品推荐。通过相关性分析，可以对用户进行产品的协同推荐。利用时间序列分析，可以得到产品需求的数量，尽可能地减少库存的资金占用与消费者需求错配。用户需求数据为实时变化数据，计算量十分庞大，实时性高，因此可通过云服务技术实现数据的保存，使用云计算技术实现大量数据的实时计算，其具体计算过程和公式如下：

数据获取：data = Kafka（中间件）+ Flink/Spark（传输与处理技术）+ Hadoop（分布式技术）+ Python/Java（数据分析）+ Hive/HBase（大规模存储）+ GP/Oracle（可视化） (1)

数据获取过程：通过埋点获取数据，使用Kafka中间件进行数据传输，在Hadoop分布式架构下使用Flink、Spark、Python、Java技术对数据进行解析与聚合（Flink与Spark偏向数据接入层，Python与Java偏向数据分析层），最后将数据保存到Hive、HBase、GP、Oracle，进行检索与可视化（Hive与HBase偏向大规模细粒度数据存储，GP与Oracle偏向可视化数据存储）。

用户分群：usertype = k - means(data：用户数据)——用户群聚类分析 (2)

K - means聚类算法：先将用户数据量化，将一个用户的多维数据作为一个向量，计算向量与向量之间的距离，寻找用户数据聚类中心点，即将用户分为稳定的几类，并且每个用户到各自中心点的距离之和最小，将聚类中心点作为该用户群的整体特征，根据这个特征为每一类用户命名，并且推荐特定的产品。

(3) 实现产品营销的精确推荐，降低营销成本。通过用户聚类得到用户群体的购买特征。通过协同过滤算法寻找购买需求、特点、爱好相关性较高的用户，过滤购买的交集，将差集进行交叉推荐，提高产品营销的效率，降低营销成本。

协调过滤算法：基于聚类算法，将同一类中的用户数据进行相关性分析，将相关性较强的用户产品购买情况与评分情况进行对比，假设相关性较强的用户之间购买力、行为、偏好一致性较强。然后将两方都已购买的商品进行过滤，将对方未购买且高分的商品向另一方推荐，达到精准营销的目的，可以减少广告投入费用，提高营销转化率。

时间序列分析：基于不同类别的商品，拟合该商品销售量随时间的周期变动、上升趋势、季节特征与随机扰动，对未来的商品销量进行预测，指导商品生产与原材料采购，较为精准的预测可以减少原材料库存成本与商品积压成本，提高资金周转效率。

（4）实现个性化客服与自动化客服，降低人工客服成本。平台保存了该用户供应链不同环节的需求数据，以及在不同客户端的行为数据，这为客服实现个性化服务提供了数据支持。另外，通过移动互联网的用户行为数据，结合用户基本信息，分析用户偏好与特点，将满足该特点的产品进行个性化产品推荐，对不同人群的问题提供个性化解决方案。基于数据构建客户画像，预测个性化需求，使用人工智能技术实现智能客服，有利于降低人力成本。

6.1.4.2 生产环节成本管理创新对策

在“大智移云”技术下，实现从传统生产模式到智能生产与互联网工厂生产模式的转变，生产环节成本管理创新对策包括生产精准化、生产精细化与生产自动化三个方面。

（1）产品生产的数量与类型更加精准，减少商品积压成本。经过用户需求大数据分析，可以预测不同产品类型的产品预期销售量。应用时间序列模型，拟合未来期间的商品安全储备，考虑特殊事件，计算平均年度“天灾人祸”发生的概率与对库存造成的影响，结合期初商品库存，求出本期不同类型商品的最佳生产量，达到生产的商品尽可能销售的效果，增加资金回流效率，减少资金回流周期，减少商品积压成本（期初商品数：Sbegin）。

灾祸概率：P = bayes（data：灾祸信息）——贝叶斯灾祸概率预测 （5）

灾祸概率：大数据时代对生产成本的控制可以升级到小概率灾祸事件对成本的影响，贝叶斯算法可以使用历年发生灾祸的事件数据，给出灾祸在某个时间某个地点发生的概率（如四川、贵州每年7月有强降水，经常发生滑坡与泥石流，这些地点在这个时间点的灾祸概率较大），一方面可以用来精确成本管理，另一方面可以用来灾祸预警，降低灾祸损失。

商品损失数量预测：Cp = sigma（data：灾祸成本）——sigma 原则 （6）

通过对不同灾祸进行分类，测量每类商品损失数是否满足正态分布，然后统计每类风险事件损失的平均商品数据与标准差，以标准差除以平均数，得到波动系数，将数据代入正态分布公式，以 3sigma 原则确定商品损失数量区间。

灾祸损失数量预测：$Csum = \sum_{i=1}^{n} Cp_i \times P_i$ ——成本累加 （7）

将不同类型灾祸发生的概率乘以商品数，并对所有灾祸类型进行累加，得到灾祸商品数期望，作为灾祸商品损失数。

商品安全储备预测：Ssafe = time - series（data：安全储备）——时间序列预测 （8）

基于以往商品安全储备随时间的变动规律，对未来的商品安全储备进行预测。

生产商品数：Sproduct = Spredict - sale + Csum - Sbegin + Ssafe （9）

生产商品数量等于销量预测加上预计商品损失，减去期初库存商品，再加上商品安全储备。

（2）产品生产的模式更加精细，产品成本管理根据用户需求类型不同而各异。大数据聚集了用户大量需求，企业根据不同需求选择不同的生产方式与生产模式进行生产。如需求量大而稳定的进行标准化生产，需求量小而不稳定的进行稳定批量生产，需求量大而不稳定的进行灵活批量生产，个性化需求实现定制化生产。实现按需制造，按量制造，产品成本管理需要与用户需求特点相适应，多种成本管理方法共同使用。

（3）产品生产自动化，减少生产人工成本。通过建造生产流水线，实现原材料的自动传送，配件的自动组装。使用温控、声控、光感、压力、电磁继电器等技术，控制生产过程，机器发生异常立即预警。不同生产线的单位时间加工效率、废品率、产品质量等生产数据实时对比，实现产品线的升级与优化。H 公司在整个生产流水线实现材料与配件的自动履带传送，利用光感技术，检测机器运转频率，当频率过高时进行适当调节，防止机器超额负载而损坏；当频率过低时，考虑设备是否老化，及时更新以提高生产效率。H公司通过多个生产线进行产品生产的效率、废品率、质量对比，为升级、改造、撤除生产线与供应商选择提供依据。

6.1.4.3 采购环节成本管理创新对策

“大智移云”技术下可以实现精准采购规划，使采购成本、库存成本与短缺成本之和最小。根据产品生产规划，得到不同类型产品的不同需求，计算不同产品生产的原材料需求量。通过时间序列模型拟合原材料未来期间的安全储备，结合目前原材料库存，得到最佳采购量（每件产品需要原材料量为a；共n种产品类型；期初库存为Abegin）。

产品原材料数：$$\text{Aproduct} = \sum_{i=1}^{n} Sproduct_i \times a_i \tag{10}$$

将生产的产品数乘以原材料数量，得到每种产品的原材料需求，将不同产品原材料需求进行累加，得到产品原材料需求。

原材料安全储备：Asafa = time - series（data：原料安全储备）——时间序列 (11)

采购原材料：$$\text{Abuy} = \text{Aproduct} - \text{Abegin} + \text{Asafe} \tag{12}$$

生产的原材料需求减去期初库存，加上时间序列预测的原材料安全储备，得到本次原材料采购量。

6.1.4.4 物流环节成本管理创新对策

“大智移云”技术下，根据采销量、采销位置、地图路线、车辆状态、时间要求等信息，可以实现基于时间与成本的智能车辆调度与实时线路规划。物流环节成本管理创新架构如图6-4所示。第一，从基础数据中获取车辆历史线路信息，通过线路叠加得到H公司专有线路图；调用百度地图数据接口，获取路线长度、线路节点、运输时间估计、桥费路费、实时线路状况等数据，计算运输费用与运输时间。第二，获取车辆信息，包括记录的车辆特征信息以及通过移动互联网获取的车辆位置、车况等信息。第三，获取运输业务信息，包括运输量、运输时间、地点、价格等信息。第四，进入车辆调度系统，结合需求、车辆状况、道路状况，以利润最大为一级条件，成本最小为二级条件，时间要求与车辆运输范围为限制条件，进行车辆调度与线路规划。第五，给出车辆调度推荐表、利润预算表、成本规划表与时间表为决策提供依据。

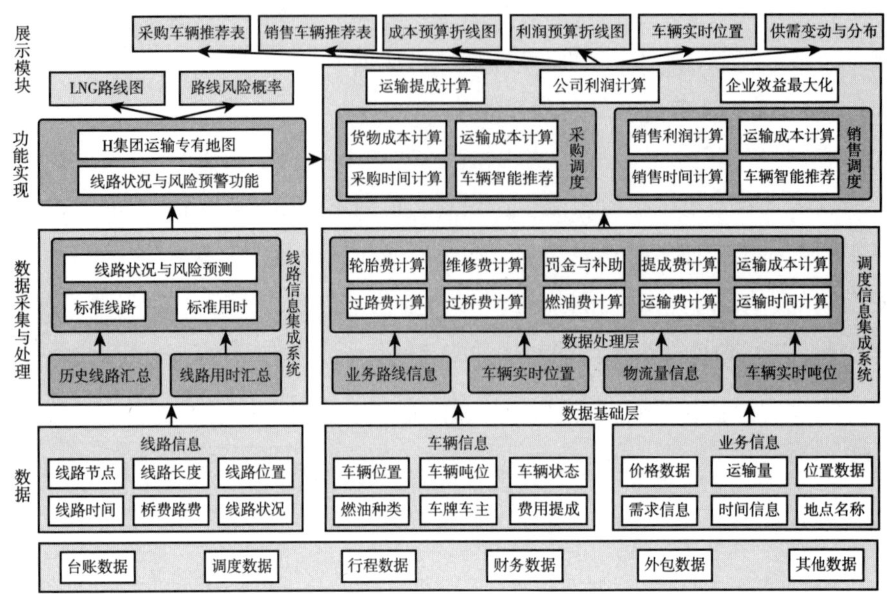

图 6-4　物流环节成本管理创新对策架构介绍

物流环节成本管理创新对策包括车辆数据、线路数据、采供商数据、智能调度 & 线路规划四个方面。

(1) 车辆位置、状态与特征数据获取。车辆安装 GPS 系统，实时监控车辆位置车辆速度，记录历史线路与平均车速；建立物流系统，记录车辆容量、平均负载、违规记录等特征信息，实时获取车辆负载情况。车辆参数表如表 6-1 所示。

表 6-1　车辆参数介绍

车辆参数介绍 Car		
参数	含义	备注
t	载重量	重车载重量为运载量
f	燃油费率	单位公里燃油数量与油价的乘积，f 为空车，f^* 为重车
m	提成比例	对净利润的工资提成比例
w	维修费率	应该与运输长度有关，如果无关，那么不考虑
v	平均速度	v 表示空车的速度，v^* 表示重车的速度
a	运输费率	单位吨公里的运输费用
tc	准备时间	调度时预计到达使用状态的时间长度
D	车辆位置	调度时，车辆的当前位置，包括经度与维度

（2）路况实时监控。通过百度地图API（数据接口）获取地图路线，实时获取交通拥堵状况，客户与供应商经纬度信息，过桥过路费信息等。具体参数如表6-2所示。

表6-2　　线路与地点参数介绍

线路参数 Road		
参数	含义	备注
h	时间	正常速度下通过所花费的时间
l	长度	路线长度，精确到10米
b	桥费	这条路的过桥费用
r	路费	收费站的费用
地点参数 Place		
参数	含义	备注
lo	纬度	精确到小数后6位
la	经度	

（3）供应商与客户相关数据。通过营销系统获取对供应商购买价格与购买量数据，对客户销售价格与销售量数据，装卸货的时间与位置等信息。具体参数如表6-3所示。

表6-3　　供应商/客户参数介绍

供应商/客户参数 User		
参数	含义	备注
P	采销价格	
Q	采销量	
ts	装货时间	
tu	卸货所需时间	
Du	用户位置	

（4）智能调度与线路规划。

①基本参数计算介绍。通过地图信息，计算两个地点间的距离，计为l_i。这里使用大数据处理功能，将历史数据两两节点之间的距离计算出来。

计算公路的固定费用。对每段路的过桥费进行累加得到$b = \sum_{i=0}^{n} b_i$，对每段路的过路费进行累加，得到 $r=\sum_{i=0}^{n} r_i$。

计算可用车到达采购或销售目的地的距离，计为 l。将能到达目的地的 l_i 累加，作为运输路径长度。由于使用大数据算法，可以使用穷举法。

定义可用车。在调度时，满足最晚时间到达目的地的空车，全是可用车。计算公式为：当前时间 $now+tc+l/v<=ts$

计算要调度的车辆数量。对不同区域的采销量进行累加。单个区域的车辆需要数量计算公式为：Q/t，用程序逻辑判断 Q/t 是否是整数，如果是整数，则车辆 x 为 Q/t，否则，车辆数量 x 为 $[Q/t]+1$。

计算运输量 $Q=\sum_{i=0}^{n} Q_i$。Q 为公式（12）的 Abuy 或者实际销售订单汇总数。

计算每辆车辆从不同地点出发的运输成本，包括维修费用、燃油费用、路费、桥费。$CC=b+r+f\times l+w\times l$。

计算每辆车的采销成本：$CP_i=Q_i\times P_i$。Q 为公式（12）的 Abuy 或者实际销售订单汇总数。

②参数矩阵化。

费率矩阵：

$$a=\begin{bmatrix}1 & 1 & f & w & a\end{bmatrix}$$

路线参数矩阵：

$$b=\begin{bmatrix} b_1 & b_2 & b_3 & b_4 & b_5 & \cdots & b_i \\ r_1 & r_2 & r_3 & r_4 & r_5 & \cdots & r_i \\ l_1 & l_2 & l_3 & l_4 & l_5 & \cdots & l_i \\ l_1 & l_2 & l_3 & l_4 & l_5 & \cdots & l_i \\ l_1 & l_2 & l_3 & l_4 & l_5 & \cdots & l_i \end{bmatrix}$$

调整矩阵：

$$E=\begin{bmatrix}1 & 1 & 1 & \cdots & 1\end{bmatrix}^T$$

价格矩阵：

$$P=\begin{bmatrix}P_1 & P_2 & P_3 & \cdots & P_i\end{bmatrix}$$

数量矩阵：

$Q = [Q_1 \quad Q_2 \quad Q_3 \quad \cdots \quad Q_i]$

③采购调度目标。

a. 采购量最大化：

$$MAX\sum_{i=1}^{n} Q_i$$

b. 成本最小化：

$$MIN\sum_{i=1}^{n} cost_i = [1 \quad 1 \quad f \quad w \quad a]\begin{bmatrix} b_1 & b_2 & b_3 & b_4 & b_5 & \cdots & b_i \\ r_1 & r_2 & r_3 & r_4 & r_5 & \cdots & r_i \\ l_1 & l_2 & l_3 & l_4 & l_5 & \cdots & l_i \\ l_1 & l_2 & l_3 & l_4 & l_5 & \cdots & l_i \\ l_1 & l_2 & l_3 & l_4 & l_5 & \cdots & l_i \end{bmatrix}$$

$$[1 \quad 1 \quad 1 \quad \cdots \quad 1]^T$$

④销售调度目标。

a. 效益最大化：

$$CP = \sum_{i=0}^{n} CP_i = [P_1 \quad P_2 \quad P_3 \quad \cdots \quad P_i][Q_1 \quad Q_2 \quad Q_3 \quad \cdots \quad Q_i]$$

采购成本总和计算

$$CM = \sum_{i=0}^{n} CM_i = [p_1 \quad p_2 \quad p_3 \quad \cdots \quad p_i][q_1 \quad q_2 \quad q_3 \quad \cdots \quad q_i]$$

销售毛利总和计算

$Mcar_i = CM_i - CP_i - cost_i - cost_i^*$——分配到单辆车的固定费用

单辆车利润计算

$salary_i = Mcar_i \times m$

单辆车提成计算

$$MAXcompany = MAX\sum_{i=0}^{n}(Mcar_i - salary_i)$$

公司净利润计算

b. 供应量最大化：

$$MAX\sum_{i=1}^{n} q_i$$

c. 成本最小化：

$$MIN\sum_{i=1}^{n} cost_i = \begin{bmatrix}1 & 1 & f & w & a\end{bmatrix}\begin{bmatrix} b_1 & b_2 & b_3 & b_4 & b_5 & \cdots & b_i \\ r_1 & r_2 & r_3 & r_4 & r_5 & \cdots & r_i \\ l_1 & l_2 & l_3 & l_4 & l_5 & \cdots & l_i \\ l_1 & l_2 & l_3 & l_4 & l_5 & \cdots & l_i \\ l_1 & l_2 & l_3 & l_4 & l_5 & \cdots & l_i \end{bmatrix}$$

$$\begin{bmatrix}1 & 1 & 1 & \cdots & 1\end{bmatrix}^T$$

⑤计算过程。

$$l = \sum_{i=0}^{n} l_i$$

$$b = \sum_{i=0}^{n} b_i$$

$$r = \sum_{i=0}^{n} r_i$$

$$CC = b + r + f \times l + w \times l$$

$$cost_i = CC + a \times l$$

$$x = \left[\frac{Q}{t}\right] + 1$$

$$cost = \sum_{i=1}^{n} cost_i$$

车辆费用总和

⑥约束条件。

$$now + tc + \frac{l}{v} \leqslant ts$$

车辆在最晚到达时间内到达

$$x \leqslant limit$$

调用的空车车辆数量小于可用的空车数量

代入数据计算，H 公司可得到以采购成本最小或者销售效益最大的车辆排序，并规划好每辆车的采购与销售的地点、推荐路线、提供计划成本与计划收入等信息。当线路出现拥堵时，根据最晚到达时间的约束条件进行实时线路规划。

该物流车辆调度模型，结合了采购、销售、物流三个供应链关键的环节，对销售净利润、采销成本、客户需求时间等进行综合考量。以移动互联网为基础，获取车辆实时位置信息。以大数据信息采集技术为基础，进行路况信息、采销价格信息、采销量数据的实时获取与传输。以分布式计算或云计算为基础，进行实时车辆分配与线路动态规划（穷尽所有方案求最优）。以成本管理与利润核算为基础，给出车辆推荐表、运输排线图、利润预算表与成本规划表，实现以企业价值最大化为第一目标的采销物流车辆智能调度。充分体现了企业战略成本管理与价值链管理中服务客户、利润优先、成本最小的理念。

6.2 H公司面向服务信息系统总体规划方案

本案例对信息系统的研究包括H公司目前信息系统的现状、问题与目标，基于此，案例结合"大智移云"技术对信息系统数据流与功能板块进行详细设计，并分析信息系统改造对资金、研发、客服成本管理的影响。

6.2.1 H公司信息系统功能描述

H公司的信息系统主要实现三个层面的功能。

(1) 收集企业内部、客户、决策相关信息。收集数据源主要包括企业APP应用、第三方购物平台、Web网站及企业内部系统的数据信息与日志信息。企业内部方面，包括日常机器运转、员工工作、企业财务、供应链环节、研发管理等日常经营状况动态信息。客户方面，包括供应商的供应量与用户的价格、级别、基本信息、地理位置、特点等静态数据。决策相关信息，包括与销售决策相关的市场供给、需求、价格等信息，与物流相关的车辆状况、道路状况等信息，与投资相关的金融、资本市场信息、企业信用，与经营相关的同行业财务状况、现金流量、经营成果等信息，与用户相关的用户静态特点信息、动态操作行为等信息。

(2) 企业知识经验库建设。构建H公司知识库，保存解决问题的经验。遇到问题时，每个人基于不同的知识背景与应用场景，会有不同的解决方法，不同的问题有不同的解决思路，知识库把这些解决问题的过程保留下来，并进行全网共享，可以快速定位问题，快速处理问题，提高解决问题的效率。

(3) 客户需求预测与产品研发。首先，利用平台客户信息，使用业务逻辑与数据逻辑进行建模。其次，基于模型选择变量，基于数据要求重构变量，根据具体解决的问题选择算法、设定参数。再次，将数据分为测试集与训练集，用测试集加载算法，用训练集测试结果准确性。最后，得到客户数据分析结果，用于市场营销、市场细分、销售量预测、满意度调查。以需求分析结果为基础，对新市场的需求点、客户群体与客户数量进行评估，可以快速完成市场调研阶段，进行新产品功能设计与产品研发，有利于产品快速上线。

(4) 风险管控与决策。风险管控方面，包括企业资金使用、企业运转情况、企业运维等，利用企业历史数据或者行业数据做出具体指标，对企业进行全网监控与预警。决策方面，汇集多维度数据，将决策者的风险要求、企业人力资源、资金状况、客户关系等作为限制条件，遍历并测算可执行方案的成本、风险与收益，为决策者进行推荐。

6.2.2 H公司信息系统问题分析

H公司经过长期的发展，业务范围遍及全球，工具复杂多样，每天新增日志数据量巨大，与企业成本管理相关的数据在采集、解析、存储、融合、检索、分析、可视化等方面，都存在挑战。

(1) 数据收集存在技术障碍。目前H公司与企业成本管理相关的数据数据量大、范围广、时效强、复杂程度高。工具层面包括APP应用、Web网页、内部系统、外部API数据接口。数据类型方面包括结构化的数据库、报表、Excel，半结构化日志解析文件，非结构化的图片、音频、视频等。时效性方面包括实时的用户行为日志数据，半实时的企业监控数据，半静态的财务数据，静态的用户信息数据。多维、多源头、高并发的数据对收集与解析提出挑战，难以保证数据的质量与完整性。

(2) 数据存储容量大，多平台数据难融合。这是目前阻碍企业内部或者企业外部进行财务共享的主要原因。数据容量方面，大数据下H公司的数据需要实现TB级别存储，每天GB级别递增，对数据存储资源提出挑战。数据融合方面，H公司内部系统过多，系统之间数据库选型与数据保存格式不统一，数据难以融合并贯穿整个平台。

（3）数据检索维度高，响应速度慢。大数据环境下，对企业成本管理相关的数据检索维度变高，除了传统的关键字匹配，还需要进行模糊查找与正则匹配，检索的需求变高。由于相关数据量变大，H公司数据检索效率变低，需要长时间响应条件，需要升级检索技术以及底层数据存储技术，实现高并发的快速检索。

（4）数据分析内存消耗大，分析技术门槛高。H公司应用Hadoop分布式架构进行高维数据实时计算，耗用了大量的实体服务器资源与空间位置。可以考虑将数据上传到云端，在云端进行保存与运算。大数据机器学习、深度挖掘、人工智能技术为数据分析提供了方法，但是使用编程类软件应用这些模型的门槛较高，可以升级为组件、模块等工具进行调用，降低分析门槛。

（5）数据展示类型多、维度高。H公司企业成本管理相关的数据维度多，不同维度的数据组合产生不同含义的统计图形。目前H公司固化的数据展示不利于数据展示的拓展，增加了展示的复杂度和前端开发量，应该升级为展示工具，实现数据源与图形手动选择的展示模式，实现展示粒度的无边界拓展。另外，数据展示需求从二维拓展到多维，增加了图形下钻、交互等功能，需要更加复杂的图形框架。

6.2.3 H公司信息系统建设目标

为了解决上述问题，提高H公司数据收集、应用与展示能力，本书认为H公司信息系统应该满足两个建设目标：第一，从数据获取层面来看，实现大数据的收集与存储，满足H公司对数据时效性与数据访问的需求，体现其在成本信息系统构建与数据管理的领先性和独创性。第二，从功能层面来看，在大数据信息系统完成后可以提高数据分析能力、产品研发能力与成本管理，全面提升服务水平。

从数据获取层面来看，大数据信息系统应该满足如下条件：（1）数据获取范围跨多平台、多类型、多业务，保证数据质量与完整性。（2）数据实现TB级别保存，GB级别增长更新。（3）数据实现实时获取，5分钟内完成获取、计算与可视化。（4）实现数据库高并发访问。（5）实现平台之间的数据贯通与融合。

从功能层面来看，大数据信息系统应该实现以下功能：(1) 实现知识库多维检索，为运维、销售、客服提供数据支持。(2) 支持大数据建模，构建数据挖掘架构，推荐大数据挖掘算法，优化需求预测与企业决策模型。(3) 实现分布式集群或者云服务的高速运算。(4) 提供多维可视化框架，简化界面，实现数据的多维灵活展示。(5) 提供内部数据供外部访问的 API 接口以及访问外部数据的 API 接口。

6.2.4 H 公司信息系统流程设计

6.2.4.1 H 公司信息系统部署架构

在部署架构图中（见图 6－5），KAFKA 是数据传输的管道，由于数据库不支持每条数据进行一次访问，因此，通过管道将多条数据合为一条，减少访问次数。CDH 是分布式的数据处理与运算框架。MPP 是分布式数据库，存储大量历史数据。ELS 是全文检索技术，实现大规模数据的关键字快速查找。API 是指数据接口。整个架构通过 KAFKA 技术从企业 AGENT 中获取实时的数据，在 CDH 集群中进行解析与聚合处理，与较为静态的 CMDB 数据

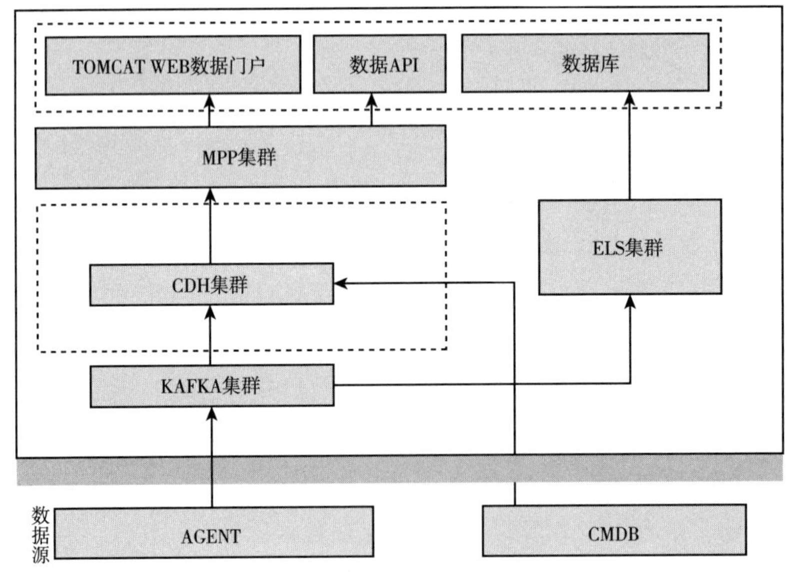

图 6－5 H 公司信息系统部署架构设计

关联，保存到MPP集群中，Web展示门户、数据接口、小型数据库通过接入MPP集群获取所需的数据。

整个企业技术部署架构分为数据源、服务器集群数据处理与存储、数据库、API、数据门户五个方面，完成企业成本相关数据的收集、处理、存储与可视化。

（1）数据源。AGENT表示非数据库数据的内外部系统数据，包括用户行为、用户需求、企业运转、WindAPI、车辆道路监控等信息；CMDB表示数据库结构内外部数据信息，包括财务报表，销售、生产、采购、库存、资金、资产、费用等记录信息。

（2）集群。集群是指功能相同，组合在一起扩大其功能的一组服务器。KAFKA集群作为数据管道，实时传输企业成本管理相关数据。CDH集群用于将日志等半结构化数据转化为结构化数据，用于将秒粒度的数据聚合为分钟、小时、天粒度的数据。MPP集群开拓分布式空间，可以是实体服务器，也可以是云端服务器，用于保存企业成本相关数据。ELS集群用于成本相关数据的多维快速全文检索。

（3）数据库。小批量保存成本管理可视化的定制化图形与报表数据。

（4）数据API接口。获取外部特定数据的通道，如Wind金融终端、百度地图、天气预报、统计年鉴等数据。

（5）Tomcat Web数据门户。网络页面端的数据开放接口，用于实现财务数据共享与开发企业API供外部访问。

6.2.4.2 H公司信息系统总体架构

企业数据按照总体架构数据按如下方式运行（见图6-6）。

行为日志、生产数据、用户需求反馈数据通过Kafka、Spark等实时数据采集技术接入到HBase数据库与全文检索库。在全文检索库中的数据通过建立索引，实现快速搜索，为H公司建立知识库。HBase中的数据通过小时与分钟的聚合，批量导入Hive数据库中。

外部API数据通过DB API技术，内部运行数据与财报数据通过SQOOP技术非实时的批量接入到Hive数据库。

Hive库中的历史数据进入算法模型模块，使用描述性统计、聚类、关联、预测、协同推荐、异常告警等处理，Dui8历史用户信息进行挖掘，可

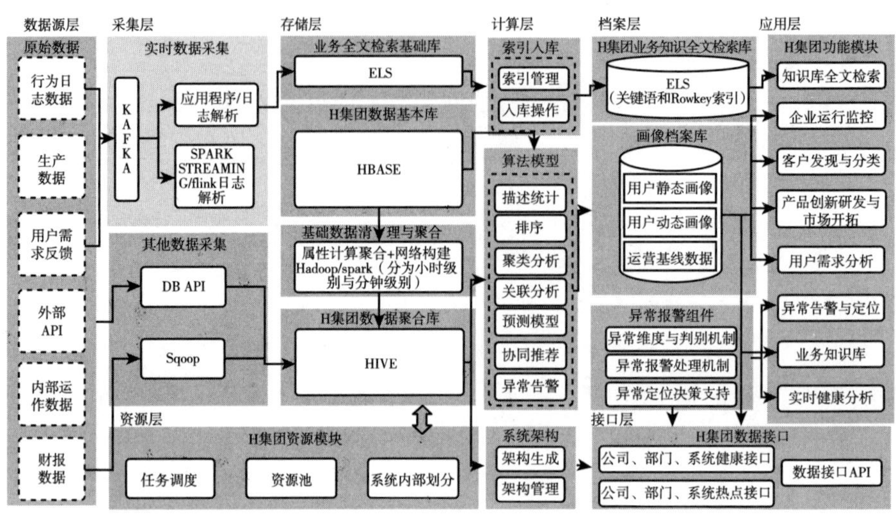

图6-6 H公司信息系统总体架构设计

以得到平台监控指标、用户特征与市场需求等数据。将数据保存到画像档案库，对客户发现与分类、企业运行、产品创新与开拓、用户需求界定带来数据帮助。

HBase中实时的数据进入算法模型模块与Hive中的数据模型进行对比，可以对企业运行状态进行实时监控。有利于企业发现异常、定位异常与解决异常，对企业总体进行实时健康分析，将异常与解决措施保存到业务知识库。

H公司成本管理决策大数据分析系统总体架构分为资源层、数据源层、采集层、存储层、计算层、档案层及应用层七个层次。

第一，资源层。资源层包括系统内部划分、资源池与任务调度。

（1）H公司大数据平台系统内部划分为数据采集、数据管理、数据算法、数据可视化模块。

（2）资源池需要提供HBase、Hive及Spark等存储和计算资源，并提供相应的技术支持。

（3）成本管理决策大数据分析平台任务调度可以协调数据管理、运维中心、数据可视化、数据API及数据检查等功能模块。

第二，数据源层。数据源层包括行为日志数据、生产数据、用户需求反馈、外部API、内部运作数据、财报数据六种类型。

(1) 行为日志数据指H公司用户注册时的静态信息，以及用户在企业APP应用、Web页面、第三方购物平台的行为日志数据，实时性较强。

(2) 生产数据指H公司生产过程中的机器运转、投料、产出、采购、销售、物流等实时监控的数据，实时性较强。

(3) 用户需求反馈指用户对H公司营销、销售、物流、售后等一系列环节中提出的诉求与评价，以及用户在虚拟社区、问卷调研中提出的功能、质量、外观、服务等诉求。

(4) 外部API指获取外部特定数据的通道，如Wind金融终端、百度地图、天气预报、统计年鉴等数据，实时性与使用需求有关。

(5) 内部运作数据指H公司聚合后的订单、库存量、采购量、销售量、资金账簿、发票等企业内部非静态也非实时的数据。

(6) 财报数据指H公司一定期内进行汇总的资产、负债、权益、成本、费用、利润、收入等静态信息，实时性较差。

第三，采集层。包括实时数据采集、接口数据采集与静态数据采集。

(1) 实时数据采集，通过KAFKA生产和消费日志数据源消息队，并采用STORM和SPARK STREAMING技术进行数据的处理和清洗，并存储到HBASE数据库中；

(2) 其他数据采集，通过Sqoop、Restful API技术对其他数据资源进行采集，并经处理和清洗后，存储到HIVE数据仓库中；

第四，存储层。包括ELS库、HBase库与Hive库。传统的关系型数据库开始从集中式模型向分布式架构发展，基于关系型的分布式数据库在保留了传统数据库的数据模型和基本特征下，从集中式存储走向分布式HBase、Hive数据库存储和构建数据仓库。

(1) ELS支持海量数据的全文检索，库中保存了H公司业务过程中知识与建议，可以由系统自动生成，也可以由人工手动输入。

(2) HBASE适合高并发读写场景，用于存储海量的H公司用户行为、需求、企业生产的原始日志信息。

(3) 通过SPARK STREAMING提取HBASE中的原始日志数据，并通过TAPI解析包进行数据解析和数据过滤，得到H公司数据分析关注的日志数据，并存入到 HIVE 数据仓库中。

第五，计算层。将原来集中式数据计算分散到多个通过网络连接的数据计算节点上，从集中式计算走向分布式计算（云计算使用了相同的架构，区别在于资源是实体还是虚拟）。

（1）采用机器学习算法的 SPARK MLIB 库及计算逻辑，对 H 公司采集的企业成本相关数据集进行挖掘和特征计算，形成算法模型库；通过对业务数据的多维算法、模型训练、特征分析后对业务决策提供有力支撑。

（2）对于需要进行全文检索的用户行为日志，经建设索引和入库操作，存入到 ELS 知识全文检索库中。

第六，档案层，包括用户行为与需求画像，业务经验知识库与平台运行监控异常识别组件。

（1）画像档案库中包含静态的用户基础属性库、特征计算出来的用户画像特征库，以及基于用户需求数据计算出的市场预测、产品研发库；H 公司企业可以通过用户行为与需求画像进行业务流程再造、精准营销与市场开发。

（2）ELS 知识全文检索库存储了用于关键词统计的 H 公司业务经验信息库，H 公司员工在处理业务问题时可以检索相关业务流程、业务数据、问题处理方式，进行个性化服务，提高用户满意度。

（3）平台运行监控异常识别组件保存了异常识别算法与异常数据。H 公司通过设定业务指标，拟合历史业务状况，建立报警机制，最后对异常进行定位解决，有效减少发现问题与解决问题的成本，维护企业平稳运行。

第七，应用层。可视化的功能模块页面，包括知识库全文检索、企业运行监控、客户发现与分类、产品创新研发与市场开拓、用户需求分析、异常告警与定位、业务知识录入、实时健康分析等模块。

（1）提供统计分析、指标可视化展示等功能。

（2）提供数据多维分析、统计等功能。

（3）提供关键行为的监测及异常指标的预警和提示灯功能。

（4）提供业务知识录入接口与全文检索的功能，用于统计关键词和分析用户需求。

（5）提供数据分析结果与产品研发推荐。

平台除了满足功能模块，还满足日志处理能力、查询反馈能力、离线计算能力、模型准确率、平台扩展性等非功能需求。具体指标参照大数据平台进行设计（见表6－4）。

表6－4 性能指标介绍

序号	功能	目标指标
1	日志处理能力	20000 条/秒
2	查询分析系统	日志推送10分钟内可以查询到结果
3	非实时处理能力	TB级用户行为日志数据的离线计算指标操作处理时间小于8小时
4	分组聚合查询能力	亿级数据的分组聚合查询的速度在30秒内完成
5	机器学习技术	可行性研究，在某一个情景模式下实现如下指标：准确率不低于95%，召回率不低于60%
6	平台的可扩展性	大数据平台支持无限扩展，提升处理能力，提供平台二次开发接口，实现平台横向扩展

6.2.5 H公司信息系统成本管理创新对策

H公司企业成本管理大数据信息系统升级后，提升了决策的时效性、方法的科学性、数据支持的完整性以及成本收益的平衡性，对研发、销售、客服等环节的成本管理提出新的要求。

6.2.5.1 研发环节成本管理创新对策

“大智移云”技术下，H公司可实现对客户需求、客户类型、市场规模、产品功能的精准预测，对研发环节、研发模式与研发效果产生颠覆性的影响。成本管理也因此发生改变。

第一，简化研发环节，缩减费用化支出。传统的研发步骤需要经过产品提出、市场调研、数据分析、产品设计等多个线下的步骤，是产品研发的费用化支出。目前，H公司研发的产品功能与外观设计基于大数据系统，这种模式可以将研发费用化支出最小化，甚至压缩到零。产品设计完成后，利用虚拟仿真技术进行模拟，投放到对应用户群进行评价与反馈，测试完成后可直接进行生产与销售，相比传统的实物投放测试，降低了开发成本与研发周期。并且，大数据研发的基础是基于数据与算法的，H公司的大数据系统建成之后，通过数据挖掘得到产品设计、功能、外观需求、客户预计接受价格、客户量、客户群体等信息，进行产品设计与测试，这些成本相对于传统来说微乎其微。大数据研发在研发阶段为产品的测试、投产、营销提出合理保障，减少产品测试的成本。大数据模式产品研发框架如图6－7所示。

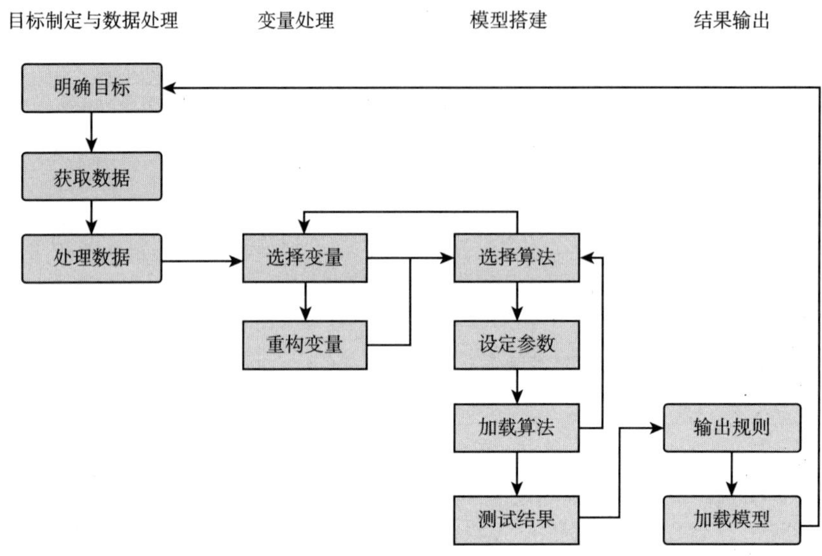

图6－7 大数据模式产品研发框架介绍

第二，改变研发模式，将独创转变为众创。传统企业基于自己对市场的看法进行产品调研与产品设计、投产、测试，不仅研发周期长，而且研发成本高，研发风险大，研发创意在漫长的开发周期中被互联网快节奏给消化掉，研发费用化成本较高。H公司众创模式可以快而全的构建出产品的功能与设计，而且明确的用户群体与消费水平，给研发带来稳定的预期，节约了产品设计与测试成本，缩短产品投放周期，解放了生产资金。H公司通过众创模式实现了按需制造。

第三，提升研发效果，降低销售费用，形成饥饿营销与口碑效应。传统研发模式基于新产品开拓市场非常的困难，投入成本高，原因在于用产品去找需求。大数据模式下的产品研发特点在于用需求做产品。以特定用户群为基础，挖掘其对产品设计、功能、外形、价格、质量的需求，生产出产品，借助APP应用回归投放到该用户群体，不仅营销竞争，客户转化率高，并且产量、价格、成本、风险、利润都可以进行测算与控制，容易形成饥饿营销与口碑效应。

6.2.5.2 销售环节成本管理创新对策

“大智移云”技术下，H公司可进行客户分类、需求定义、购买力界定、行为偏好收集、兴趣挖掘，进行企业信用测量，企业成本管理的营销模式与销售选择策略产生影响。

第一，基于用户需求分类算法的产品精准推荐，降低营销费用。传统的营销不对客户进行区分或者客户区分粒度较粗，几乎属于遍地撒网的模式，不仅客户转化率低，而且营销费用高。大数据决策树分类算法，以树形结构基于产品特性将用户分类，将用户群划分为单一产品粒度。然后，通过APP应用进行广告精准投放，既降低了营销费用，也提高了转化率。基于数据对各个产品的用户规模、转化率、消费水平进行预测，可以计算出销量，制定出合理价格，预估利润。

第二，基于相关性协同过滤算法的产品交叉推送，降低营销费用。传统技术下的营销无法预测用户已知需求外的潜在需求，采用无孔不入的病毒式营销策略，对消费者没有明确的营销目标，不仅让消费者反感，而且投入过高。大数据协同过滤推荐算法，将不同消费者的消费数据、行为数据、购买力水平、兴趣爱好、产品评价等进行相关性分析，找到相关性较强的一组消费者，过滤共同购买的商品项，以一方的购买意愿反推另一方的购买意愿，对购买意愿进行排序，然后进行交叉推荐。有利于精准找到新用户群体，降低产品市场开拓成本。

第三，基于逻辑回归企业信用判别的供应商与销售商选择，降低坏账成本。通过收集企业的交易数据，借助大数据技术，通过财务数据、行为数据、客户数据进行建立逻辑回归模型，判断发生违约的概率。利用违约概率将企业信用分级，针对不同信用级别的企业制定不同的折扣机制、还款机制与坏账准备率。对严重信誉不足的企业进行抵押销售或者不销售。以此来提高应收账款核算的准确性，降低坏账率，缩短还款周期，降低坏账成本。

6.2.5.3 客服与生产环节成本管理创新对策

“大智移云”技术下，H公司可构建知识库，为客服与生产过程中问题解决提供数据支持与方案支持，加快解决方案效率。

企业在服务或者生产过程中，会遇到不同的问题，解决问题的措施与经验没有被保存下来，当管理者或者员工更迭时，遇到问题没有参考与经验，降低了解决问题的效率。因此，开发 H 公司经验知识库，将日常生产与服务过程中发现的问题、表现、原因以及解决措施进行记录，保存到全文检索模块。当 H 公司运营过程中出现问题时，可以以关键字查询相关的问题资料与解决措施，为快速解决问题提供参考。具体设计流程如图 6-8 所示。

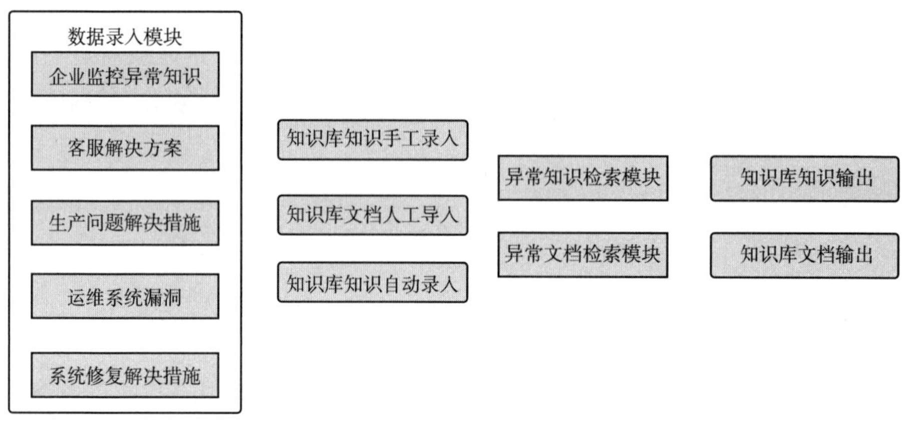

图 6-8 知识库架构设计

将企业运行过程中的监控异常、客户解决方案、生产问题解决措施、系统漏洞与修复措施以手工、自动等形式录入知识库。开发知识检索与查看页面，支持关键字检索，查看解决措施详细内容。结合知识库功能与企业监控自动预警功能，发生报警时自动解析异常原因，推荐异常解决方案。结合知识库与用户行为、需求数据库，针对客服问题进行个性化、专业化答复。以此避免其他因素对正常生产、工作的干扰，提高企业运行效率与客户满意度。

6.2.5.4 大数据下的成本管理决策可视化

可视化是许多领域的图形技术，如数据、信息和科学。传统的数据可视化通常是定制的，一般为二维图形。一个企业数据分析指标设计一个图形，占用一个位置，无法穷举与罗列所有的指标图形。H 公司使用大数据可视化可实现自定义高维图像展示，在固定的位置可以自选数据，自选展示图形类型，得到展示结果（见图 6-9）。既减少了页面空间，有时图形展示能够穷尽所有指标。

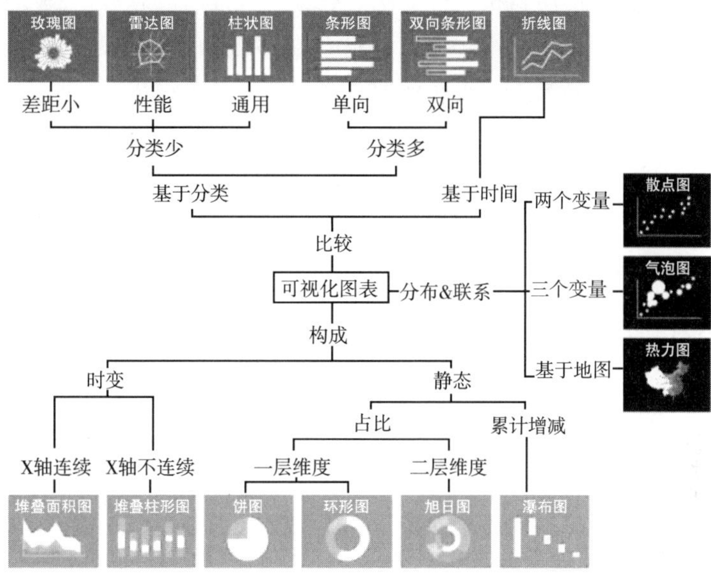

图 6－9 可视化技术介绍

6.3 面向服务财务信息系统总体规划方案

6.3.1 H 公司财务信息系统现状概述

H 公司财务信息化平台是大数据时代进行财务决策的基础架构，它能够为企业提供强大的数据存储和运算能力，并方便、快捷地进行各种财务决策。

H 公司中与财务相关的决策行为，需要整个公司生产经营活动相关的财务数据与非财务数据的各类相关性分析进行支撑，即企业运营数据的良好交互。在企业云会计的平台基础上，对各类相关的企业财务数据、非财务数据进行提取、标准化以及数据加载后，这些统一格式的数据资源能够借助相应的数据挖掘技术进行数据分析，为企业科学的财务决策行为提供有效的数据支撑，实现数据价值最大化。

H公司进行财务决策活动所需要的支撑数据，主要是通过云会计平台，在企业、工商管理部门、相关事务所、税务管理部门以及商业银行等财务数据相关机构获得；同时，这些数据在相应的数据处理技术下能够实现数据的规范化、标准化，并借由相应的数据分析技术针对纳税信息、会计报表等相应财务数据进行处理分析，将最终的数据分析结果以数据可视化、数据文本检索、商业智能等多样化的形式服务于企业财务上的决策行为。

6.3.2 H公司财务信息系统问题分析

H公司财务共享平台主要存在以下问题：

第一，财务系统与相关业务系统之间的信息交互未能达到实时化，后台需要的财务数据不能及时有效地从前台业务处理系统中直接获得，财务工作的流程趋向复杂化。

第二，缺少多媒体系统的支持，只能依靠人工完成财务核算的票据、发票等原始资料的扫描、传递工作，会造成工作效率低且速度慢。

第三，缺少与之适应的信息技术平台以辅助管理，财务共享工作效率有待提高。企业必须具备先进的IT硬件设备和软件环境，建设强大的互联网技术队伍。

第四，财务管理与会计核算相分离，造成财务管理与会计核算、监督严重脱节。提供共享财务数据的公司仍旧需要具有财务管理的能力，但鉴于财务共享环节中相关核算工作会得到实现，相应分子公司的财务管理工作效率将随之降低。

第五，各个系统之间财务数据冗余。

6.3.3 H公司财务信息系统建设目标

针对H公司的应用需求，本方案旨在设计出满足实际需要，功能完善的财务价值分析和管控平台，并本着科学合理、经济适用和支持未来系统再升级的原则制定以下方案建设目标。

总体目标：持续提升H公司财务分析及业务管控能力，对现有数据、信息和知识的综合整理、分析，满足财务管理和会计核算中日常管理和监控的需要，满足财务转型向管理层以及其他部门输出内部管理的信息或财务报表的需要，满足财务共享与决策分析的需要。

具体目标如下：

（1）建立起与财务数据高度相关的数据管理平台，提高对业务的支撑能力。

（2）建立财务数据监控机制，加强对业务数据管控能力，奠定“数据运营”的基础。

（3）支持现有财务、业务平台等多种数据源，扩展数据分析的范围和广度。

（4）优化系统，减少冗余，提升系统效能。

（5）建立监控机制以确保数据质量过关，完善相应的数据管理能力。

（6）元数据系统建设目标：针对企业级的数据资源提供标准的可视化服务，以满足企业信息管理需求；在满足CWM标准的前提下，搭建相应的元数据管理平台，以便后期围绕财务数据质量管理的数据扩展、交互等活动的开展。

（7）实现企业内部财务共享。

（8）为管理与决策提供数据支持。

6.3.4 H公司财务信息系统总体架构设计

6.3.4.1 H公司财务共享平台数据门户设计

H公司财务共享指标设计如图6-10所示。

第一，获取层。获取层实现数据源到数据仓库的数据抽取、转换与加载。

第二，数据层。数据层实现面向财务数据仓库的基础数据、聚合数据以及处理后数据的存储与运维。

数据层包含财务和业务两大主题。财务主题包含资产子主题、现金子主题、损益子主题、内部管理子主题；其中，资产子主题又由资产负债、投资、资产管理孙主题构成，现金子主题由现金流入、现金流出孙主题构成，损益子主题由成本费用、收入利润孙主题构成，内部管理子主题由核算运营、预算运营、人员管理孙主题构成。业务主题包含客户子主题、业务量子主题、资源子主题；其中，客户子主题由客户规模、客户服务、客户满意度

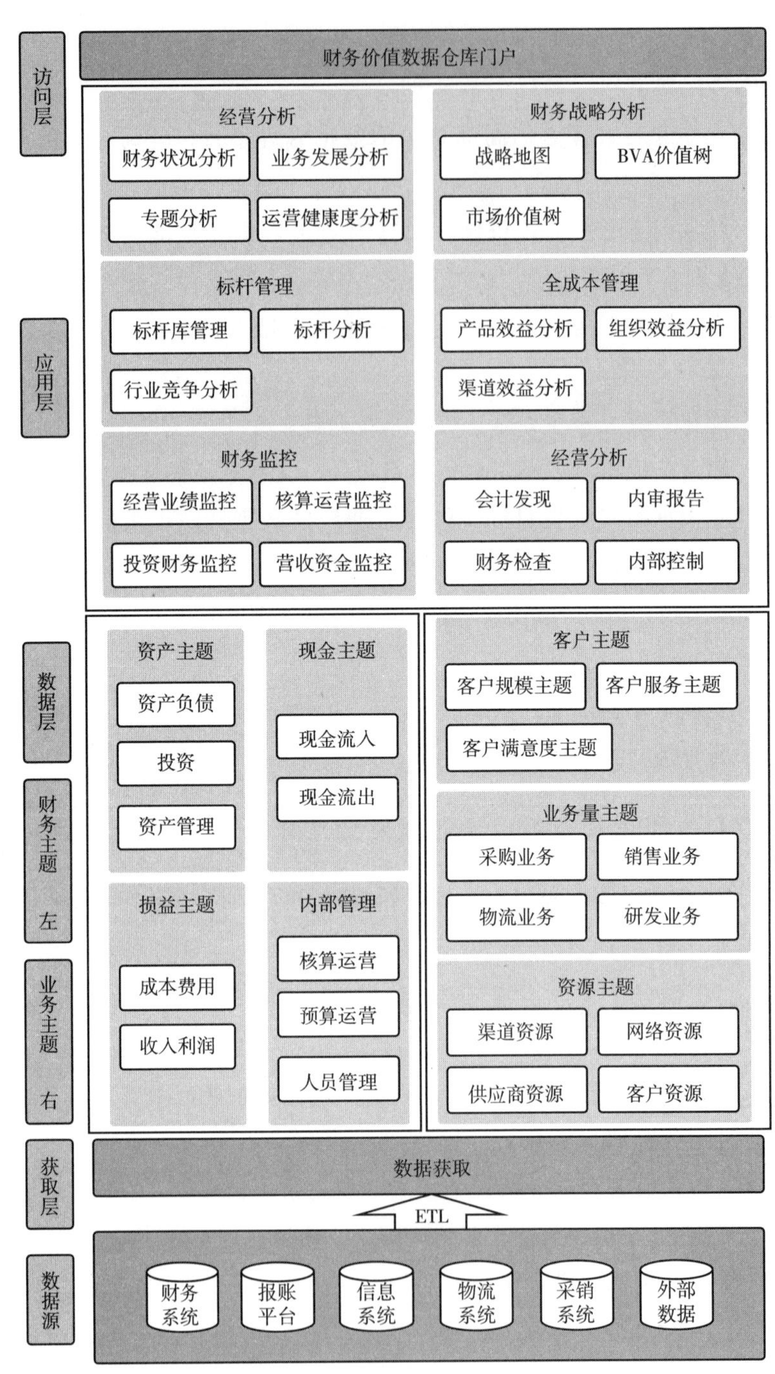

图 6-10 财务共享指标设计

孙主题构成，业务量子主题由语音业务、数据业务、集团业务、客服办理量孙主题构成，资源子主题由网络资源、渠道资源、终端资源、积分资源、卡号资源孙主题构成。数据层的数据通过数据获取环节从 MIS 系统等数据源获取。

第三，应用层。应用层面向企业的财务运营管理和业务组织模式，其中的应用模块将数据层提供的统计分析功能组织编排，集中解决一类业务问题。应用层包含经营分析、财务战略分析、标杆管理、全成本管理、财务监控、风险管理等。

第四，访问层。访问层是各类使用人员访问财务价值数据仓库的窗口和平台。在访问层中整合了数据仓库的访问资源，建立统一的财务价值数据仓库门户，使财务部门人员更方便地得到信息支撑。

6.3.4.2 H 公司会计决策云平台架构详细设计

第一，云平台实现数据的分布式采集、处理与存储。

当前而言，传统的企业财务决策行为所需的数据资源已经不能满足多样化、规模化以及全球化的企业发展趋势，相关数据不能再局限于传统企业生产经营相关的财务数据，还需要充分结合企业生产运行过程中产生信息交互的相应机构主体所产生的非财务数据资源。一方面，传统的企业生产经营数据，如原材料采购、产品销售、成品库存以及产品生产等关键数据，对企业的财务决策行为具有至关重要的影响；另一方面，企业的财务决策行为在一定程度上，也受企业外部的税务部门法律规定、会计事务所的风险评估报告、银行提供的信用评估报告等非财务数据影响。鉴于这些财务数据以及非财务数据分布广泛、数据类型多样、量级庞大等特点，传统的财务决策系统需要借助相应的云技术平台以实现数据的分布式处理与存储。

企业对于自身以及相关经营活动的交互部门的财务数据、非财务数据的获取，可通过互联网、物联网等技术以实现，并根据财务决策活动的具体需求，结合虚拟化的数据处理技术，针对数据进行相应的筛选、转化以及数据存储，为后期展开的数据分析以及挖掘提供有效的支撑数据资源。

第二，大数据技术实现企业财务决策数据的分析与挖掘。

“大智移云”的时代背景下，企业决策行为不再是传统的数据分析行为，而需要在海量的相关数据资源中，借助相应数据挖掘技术以获取决策相

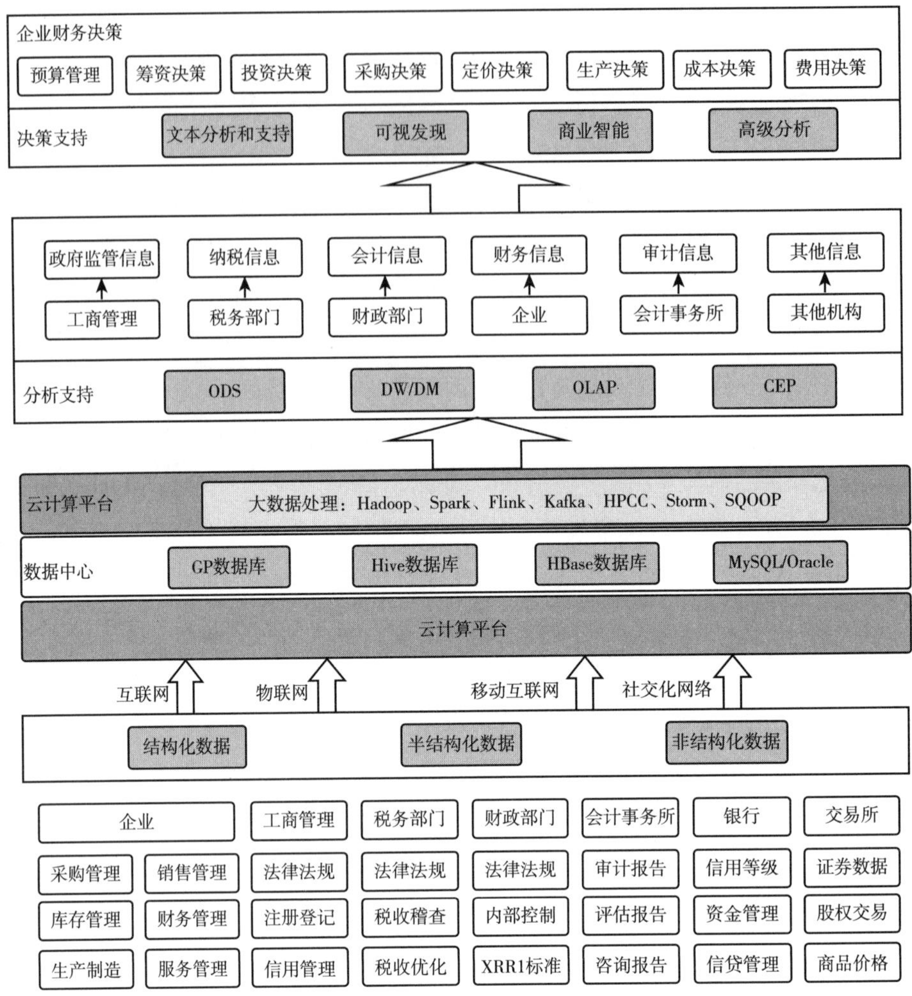

图 6-11 财务共享平台架构设计

关的有效信息，进而充分提高财务决策科学性、合理性。在大数据技术的支持下，看似杂乱无序的数据资源逐渐转化为企业财务管理所需的参考数据，财务决策活动朝智能化方向发展，企业决策的科学性、严谨性也获得了有效保障。

基于云技术平台，企业能够对目标数据进行预处理与存储，并在 HPCC、Apache Drill、Hadoop 等数据处理技术进行数据处理后，借助 ODS 操作数据存储、OLAP 联机分析处理、DW 数据仓库、DM 数据挖掘等数据分析与挖掘技术，对各部门主体的数据资源进行分析处理，例如，根据财务部门数据挖掘相关纳税信息，根据企业数据挖掘相关财务信息，根据工商管理部门数据挖掘相关监管信息等。之后企业根据具体的预算、收入、定价、筹资等各类型决策目标，确定相应的具体决策方案，最后根据相对最优原则以及企业内部讨论，选择出最佳决策方案，确保企业资源的有效配置。

6.3.5 H公司财务信息系统成本管理创新对策

第一，采购部门共享财务数据。采购部门通过财务数据共享，可以随时掌握生产对材料存货的消耗量、实时库存量，从而合理安排采购时间、品种和数量，不仅可以节约大量的采购成本和存货成本，对采购存货的质量也有合理的保证，有利于财务部门合理安排资金的使用，节约资金使用和避免占压成本。

第二，研发部门共享财务数据。研发部门通过数据共享，可以随时掌握各种材料的采购价格、生产成本、销售数量等数据，从而了解研发何种产品最受市场欢迎，如何通过研发在不降低甚至提高品质的情况下，改进和创新产品构成，降低材料成本，从而给企业创造更多的价值。

第三，生产部门共享财务数据。生产部门通过财务数据共享，可以随时掌握销售部门产品存货的出库量、产品存货的实时库存量，从而合理安排生产批次、生产批量和人工需求，不仅可以节约大量的生产成本、人力资源成本和存货成本，对产品的质量和机器的维护保养也有合理的保障。

第四，销售部门共享财务数据。销售部门通过财务数据共享，可以随时掌握单品和全品，甚至每一个销售人员的销售数量、销售金额、销售毛利、资金回笼、应收账款变动情况，从而制订合理的销售方案、激励机制、资金回笼和应收账款的催缴计划，节约销售成本，避免坏账损失。

第五，存货管理部门共享财务数据。存货管理部门通过财务数据共享，可以随时掌握采购存货情况、生产对材料存货的消耗情况、销售对产品存货的出库情况，从而合理安排材料存货、产品存货和其他存货的出库，不仅保证了存货的质量和安全库存量，有利于保证生产和销售对存货的需要，同时降低了存货过期报废成本。

7

总结与启示

信息革命之后，互联网将人与人的关系高速而低成本的连接起来，数据的产生、交换呈指数型爆发，由此引发“大数据”的概念。随着“大数据”的积累以及人们思维方式的变化，机器智能问题因数据驱动方法找到出路，智能化的“大门”已然被打开。如果说前两次工业革命把人类生产活动推向机器化发展，那么第三次科技革命以及酝酿中的第四次科技革命将机器生产活动推向拟人化，人们得以逐渐从重复而机械的劳作中解脱出来。人机交互、万物互联的数据智能化时代似乎触手可及。

7.1 “大智移云”技术助力制造业转型升级

事实上，新技术 + 原产业 = 新产业。就像蒸汽机的诞生令运输业焕发新生，电的使用促使通信业的兴起，信息的普及助力金融业的繁荣一样，“大智移云”技术同样能令利润渐薄的制造业绝境逢生。

前两次技术革命后，大多数商品处于生产过剩的状态，生产这些商品的制造业大国必须依靠消费拉动经济增长，消费者也由此逐渐掌握话语权。信息技术革命后，商业模式的变化更加明显，它突出表现在两方面：一是实体价值链向虚拟价值链拓展；二是服务业越发重要。而在即将到来的数据智能化时代，“大智移云”技术将如同水和电一般，由专门的公司提供给全社会使用。而新技术体现的商业价值尽在数据流中。“大智移云”技术能令制造业企业抓住机遇，对接用户需求，向虚实结合的服务制造业转型升级。

7.2 “大智移云”技术对制造业企业成本管理理论的影响

技术变革引发社会经济环境变化，环境变化推动成本管理的持续优化。事实上，人类社会的工业文明史可以说也是一部成本管理的发展史。成本管理在发展初期主要是着眼于降低能耗、减少浪费，而在经过规模化生产的提升后，逐渐强调规模经济，乃至之后逐渐关注整个生产经营活动的成本管理，并通过引进全新的管理技术、管理理论以满足成本控制的高标准严要求，由此可见，成本管理始终是个不停更新迭代的主题，因此，与成本管理相适应的方法必须与时俱进。

自 20 世纪 70 年代起至今，以生产的电脑化、自动化为主要特征的第三次工业技术革命席卷全球。生产力飞速发展，制造业企业产品生产饱和，顾客对产品的消费在质量之上，又提出时间、服务、定制等新要求，即要求企业进行“顾客化生产”。整个社会供大于求的趋势，倒逼企业转型升级。这一阶段，企业若还如以往一般，只关注产品本身，不关注用户需求则很可能难以存续。与此同时，之前单一环节的成本管理也远远落后于新时代的企业管理要求。未完成企业生产经营活动的目标，相关管理者需要站在企业整体发展的高度，针对企业运行环节进行具体分析，而企业的战略成本管理则由此产生。

而在“大智移云”时代，数据作为技术变革的基础资料与核心动力，进一步要求企业量化细化价值链战略指标，价值流的概念由此产生。

以信息技术的普及应用为界，成本管理理论可分为传统及现代两类，其在对成本的认知角度以及成本管理目的、核心思路、手段方法方面存在差异，如表 7－1 所示。

表 7-1 传统成本管理与现代成本管理的对比

传统成本管理		现代成本管理	
成本概念认知	会计核算视角 成本是指产品、服务增值过程中所消耗的各项费用的总和	成本概念认知	经济管理视角 企业生产经营活动过程中，需要消耗的物化劳动以及雇佣工人所创造的商品价值的货币表现，这属于产品价值的范畴。经营收入中的一部分需要弥补成本，以确保商品再生产的稳定运行
目的	降低成本	目的	可接受的风险（安全）+拥有核心竞争力（有效/效果）+资本收益率（方便/效率）：三个目的层层递进，前者是后者的基础
核心思路	降低单位成本，追求规模经济效应	核心思路	价值流管理（供应链、数据流、财务流三个维度） 不再一味追求降低成本，而是基于成本效益原则，综合衡量成本与对应的收益。假如成本增量能够创造更大增量的收益，成本支出的增长也是值得的，如投入研发与用户需求管理
手段方法	本量利分析 标准成本法 变动成本法 完全成本法 品种法 分批法 分步法	手段方法	责任成本管理 目标成本管理 作业成本管理 质量成本管理 战略成本管理

制造业企业的传统成本管理存在很多缺陷：（1）多关注如物料消耗等显性成本，易忽视人力资源等隐性成本。（2）更注重生产成本，易忽视制造费用，期间费用等非生产成本。（3）多关注财务信息；忽视非财务信息。（4）只关注纸面数据；不结合业务实操。（5）只对利润下降做出暂时反应或只对目前生产经营状况进行短期改进。（6）缺乏战略全局观和市场观念。过去，这些缺陷并未得到有效改进，是因为各种主客观因素的存在。制造业企业一方面处于供小于求的状态，没有压力和动力去改进成本管理方法；另一方面是因为那些容易被忽略的成本管理信息从采集与记录，到存储与传输，再到处理与分析都需要人工操作，较为烦琐，并且这一管理过程本身成本较高。

而现在，数据智能化时代，“顾客化生产”已是大势所趋；“大智移云”技术的普及应用也让制造业企业能以较低的成本生成、采集、存储、传输、处理、分析更多相关的成本数据，提高决策质量与决策效率。因此，基于价值流管理的战略成本管理方法在未来很长一段时间内将占据主导地位。

7.3 “大智移云”在企业成本管理的建议与策略

7.3.1 深耕大数据，挖掘有效信息

一是构建实时数据收集层。建设大数据中心，自主研发或购置数据实时收集存储设备。二是构建大数据传输层。打造智能化的网络设备、传感器设备，提高数据传输效率。三是构建大数据分析层。通过财务共享中心结合前端业务渠道的数据为业务部门提供有价值的分析，实现增值服务。四是构建移动客户端应用层。将历史大数据中提炼的信息服务于移动客户端，助推移动互联网和物联网，提升软硬件运作效率。

7.3.2 加速智能化，提高工作效率

一是“智造”温度客服。打造交互式语音应答系统、APP 会员系统等，关注客户体验，提供更加定制化和更有温度的服务场景。二是“智造”机器人。研发人机协作机器人，利用摄像头和传感器等智能硬件快速识别货物 3D 形态，实现高效分拣。三是“智造”辅助人工决策。结合多维度的内外部数据，建立机器学习模型，助力智慧决策和精准管理，提高决策效率。

7.3.3 借力互联网，管控运营成本

一是建立物联网系统。借助 RFID、OCR、GPS 等物联网设备以提供货物信息检验、数据传输、形态识别等多样化功能，有效减少人力成本损耗。二是建立车联网系统。车联网的优势在于能够将人、车、物三者相连，以确保运输过程的可视化以及相应管理的智能化，有效降低油耗成

本，优化运输线路，在降低运输成本的同时，充分提升运输效率。三是建立票联网系统。物流企业通过构建电子发票系统平台，直接关联国家各级税务系统，与购货方、销货方在发票真伪、金额信息、税率计算上自动比对，提高付款审核效率。四是建立人联网系统。利用数据灯塔收集客户数据，应用算法识别潜在客户，对客户群体进行画像分析并提供个性化服务，降低其他环节成本。

7.3.4 培育云计算，打造智慧企业

第一，建设财务共享中心。借助智能化系统平台工具在终端收集海量数据，进行全方位、多维度的财务信息交流与共享，云端数据经过处理后推动各项财务工作结构化、标准化。第二，建设"云物流"模块。云计算处理各功能模块中的数据，把云平台的一个点纳入云物流中，多方收集货源和车辆信息，提前计算好配送中心配载信，寻求运输能力与需求平衡点，加快配载速度、提升物流效率、降低库存成本。第三，建设"云安全"模块。利用云计算先进算法和强大测算能力，模拟并测算出系统漏洞，不定时升级系统，减少病毒入侵和物流平台数据丢失，增强物流企业数据信息的安全性和可靠性。第四，建设"云共享"模块。借助于云计算技术，相应物流企业能够将整体物流管理系统中的数据资源进行高效整合，营造出物流信息互联共享的数据环境，并为物流系统的控制指挥提供正向反馈机制。

7.4 "大智移云"技术在制造业企业成本管理中的应用路径

随着"大智移云"技术在各行业的深入应用，传统制造业为了充分挖掘数据流的商业价值，必须建设高度智能化的工厂，实现大数据的应用、分散化生产和个性化定制。这些变化将带来制造业企业整体供给成本的降低，但同时也对制造业企业的成本管理提出了更高的要求：（1）在数据和算法的支持下，人与机器的工作将无缝衔接。常规的反复性简单生产工作主要有生产机器承担，而劳动工人在其中的角色则更多的是对相关机器进行日常维护和运行，并提供较之更具创造性的决策工作。（2）产业互联网的出现，

使供给与需求的偏离程度逐渐缩小，提供了更加灵活、充满弹性的新型组织机构，以满足供给需求精准匹配的需求。(3)“大智移云”技术要具体落到制造业企业供应链的每一环节。(4) 打通企业内外部的信息系统基础平台，搭建好数据流维度的软硬件载体。(5) 将财务数据流与业务数据流联通，做到实时、高效、连续的成本管理监控，随时做出战术决策调整。

7.4.1 观念变革

想要充分发挥人的机动性和创造力，首先要在思维方式上破除旧有的弊病：从原来的单纯执行上级命令到“人人都是CEO”；从原来的“事不关己高高挂起”到“以满足用户需求为己任，时刻充满危机感”；从原来的“层级决定薪酬”到“能力决定薪酬”。企业管理的核心在于人的管理。只有当大多数企业员工从心底真正认同新的管理方法、管理模式，企业的成本管理变革才能够逐步推进。

7.4.2 组织重构

在数据智能化时代，企业组织结构要实现及时、精准匹配供需信息，并对外部环境变化迅速反应，则需要具备三个特征：第一，网络化。各个最小价值流单元借助信息化工具，实现实时直连和沟通。第二，扁平化。搭建“从前到中，从中到后”的平台模式，三部分各司其职，前部分团队负责市场对接，中部分队伍负责搭建综合技术与资源平台以提供战略指导与监控，后部分团队则负责精准的数据分析与挖掘为管理决策提供数据支撑。第三，自适应。组织并非固化，能及时根据市场变化自主调整。

7.4.3 供应链改进

(1) 制造业企业要满足用户的专属定制需求，其前提是做好模块化：①拆解总装产品，倒推产品模块，以模块代替散装的零部件；②通过定义模块与排列组合来满足用户的多样化定制需求；③整合外部资源参与产品模块化设计；④每个模块之间以标准化的接口联接，把用户有个性化需求的模块开放；⑤每个模块相当于用户需求的传感器，通过用户交互的信息化平台，可通过数据流挖掘出用户的潜在需求，创造出超预期的引领产品。

(2) 构建或借助大企业的开放云平台，利用大数据技术挖掘数据价值，通过人工智能分析处理数据，以移动互联网助力数据传输的实时性。云平台上整合有用户资源、供应商资源，将传统的层级、部门间串联供应流程改造为并联生态圈。通过信息系统实现了包括用户交互、研发设计、智能制造、模块化采购、物流、售后服务等多个节点之间的有效衔接，形成以用户需求为导向、互联互通的完整供应链。在传统的串联生产模式下，用户需求信息被持续弱化，其传输速度还影响了数据获取的时效性，导致后端难以感受到前端用户需求的变化；在并联生产模式下，各个节点连成一个闭环，用户处在中间位置，用户的需求向外不断辐射，同时被每一个节点接收，每个节点都实现与用户零距离接触，为用户提供同步的服务。提高了整体供应链的运行效率，精简人员，节省时间，降低运营成本。

7.4.4 打造一体化的信息网络系统

第一，建立以数据流为基础的一体化信息系统。以智能制造执行系统为核心，联接企业资源规划（ERP）、客户关系管理（CRM）、供应链管理（SCM）、设备监视控制（SCADA）等系统，集成一个较为完整的面向用户需求的智能互联信息系统。

第二，业务架构上通过 CAD/CAPP/设计仿真等数字化互联，实现全流程紧密的互联互通，使互联工厂的硬软件无缝链接。

第三，打通业务系统与财务系统，做到会计控制系统原始凭证的自动生成与传输，提高财务控制的有效性、实时性。

7.4.5 业财融合

企业应不断完善业财融合的制度。第一，加强财务人员和业务人员间的沟通，增强财务流维度的数据真实性与有效性。第二，确保业务部门与财务部门的目标与利益的一致性。第三，通过轮岗、下放、挂钩薪酬等手段确保财务人员真正了解、熟悉业务，并能通过事前预算、事中控制、事后评估改进等方式参与业务决策。第四，加强高素质财务团队的建设。一方面企业要从已有的财务人员中挑选培养，另一方面也可以从外部引进人才。

7.5 研究的不足与展望

7.5.1 研究的不足

首先，本书选取 H 公司进行单一案例研究，涉及行业单一，缺少多个案例企业的交叉分析和比较分析，因此在研究范围上存在一定的局限性，所提出的问题与解决对策可能缺乏普遍适用性。

其次，我们虽然对 H 公司进行了实地调研，但在实地调研过程中，由于受到企业相关业务范围和数据保密性的限制，数据收集工作相对困难，大多基于表层数据、公开数据的搜集，缺乏深入数据的细致分析，从而影响了案例研究的广度和深度。因此，关于研究的发展趋势，则是从宏观层面进行整体把控，对微观层面进行具体深入，充分结合理论与实践两方面内容，从传统的定性分析转向定量分析。

最后，在报告写作方面，由于主要采取实地调研方式收集资料，资料来源包括：档案、记录、文件、访谈、参与性观察、直接观察和实物数据等。获取的素材较为片段化，因此，发现的问题可能不够全面。

“大智移云”时代背景下，企业成本管理创新是时代趋势，我们在未来会对 H 公司成本管理创新路径进行持续追踪，同时选取多个角度对比分析其他制造业企业成本管理创新方法，以期丰富案例研究成果。

7.5.2 研究的展望

“没有成功的企业，只有时代的企业。”互联网时代，企业不但要实时调整自己以适应企业经营环境，而且还要不断应用“大智移云”等新技术，自省如何将资源有效转换体现为用户价值。

传统企业生产经营与成本管理模式，不再符合时代需求。当今企业必须将企业运营过程与技术元素紧密融合，对企业内部流程与运行模式进行转型升级以不断缩小用户需求差异，优化整合在流程上、机制上、平台上的创新，并且通过技术手段厘清企业各环节各流程的增值与非增值因素，进程成本管理创新，从而规避了那些不必要的模式设置导致失败的风险。基于

“大智移云”互联网时代以用户交互驱动的新型成本管理模式，特别是颠覆了传统意义上以生产决定销售的方式，成本管理以客户需求类型为导向，迎合了互联网时代用户的需求，摸准了时代脉搏，企业成本管理也取得了显著效果。H 公司的人单模式、战略损益表、日清表、人单酬表，模块化定制思想，以及以数字化为基础以 IMES 为核心，把 PLM、ERP、SCADA 等信息化系统集成在一个统一的 COSMO 平台上等的成功做法可推广应用至其他制造行业，具有普适意义。

参考文献

[1] 陈洁. 试论企业全面成本管理 [J]. 上海财税, 2001 (12): 16-18.

[2] 余青英. H 集团战略成本管理的案例分析 [D]. 南昌: 江西财经大学, 2017.

[3] 张首楠. 成本控制理论的发展进程研究综述 [J]. 商业时代, 2012 (26): 82-83.

[4] 傅元略. 价值管理的新方法: 基于价值流的战略管理会计 [J]. 会计研究, 2004 (06): 48-52, 96.

[5] 程平, 王晓江. 大数据、云会计时代的企业财务决策研究 [J]. 会计之友, 2015 (02): 134-136.

[6] 王林波. 新形势下财务会计转型和创新 [J]. 商业会计, 2018 (19): 95-97.

[7] 唐金强, 吴骑宇, 黄晓佼. 大智移云下成本管理路径、效果与改进——以顺丰控股为例 [J]. 财政监督, 2019 (05): 112-119.

[8] 雷海美. 供应链视角下青岛海尔营运资金管理绩效研究 [D]. 杭州: 浙江工商大学, 2017: 1-71.

[9] 韩文振. 互联网时代 H 企业基于人单合一双赢模式创新的供应链转型研究 [D]. 成都: 西南交通大学, 2017: 1-80.

[10] 丁鸿. "大智移云" 时代下基于财务共享服务企业管理会计转型研究 [J]. 中小企业管理与科技 (下旬刊), 2018, 555 (10): 65-66.

[11] 姚洁. 面向服务供应链的日日顺物流服务公司信息系统规划研究 [D]. 上海: 东华大学, 2014: 1-76.

[12] 谭朝辉，张敏梁，熊圆圆，周小林．智能制造企业产品研发成本控制策略浅析——以新时达 JQR 为例 [J]．财会研究，2019 (02)：34 -38.

[13] 张瑞娟．制造企业的人工成本控制研究 [D]．北京：首都经济贸易大学，2018：1 -51.

[14] 魏鹏鹏．以顾客价值为导向的战略成本管理应用研究 [D]．昆明：云南财经大学，2016：1 -77.

[15] 梁文俏．价值链视角下青岛海尔转型升级路径及财务效应分析 [D]．石家庄：河北经贸大学，2018：1 -51.

[16] 李师．青岛海尔资本配置结构优化研究 [D]．青岛：中国海洋大学，2012：1 -51.

[17] 何悦．基于财务视角的传统企业商业模式创新研究 [D]．成都：电子科技大学，2017：1 -74.

[18] 何文婷．基于价值链理论的制药企业成本控制研究 [D]．南昌：华东交通大学，2018：1 -65.

[19] 郭艳莹．基于成本——效率的青岛海尔财务共享模式研究 [D]．长春：吉林财经大学，2017：1 -39.

[20] 余青英．海尔集团战略成本管理的案例分析 [D]．南昌：江西财经大学，2017：1 -51.

[21] 帅文青．海尔集团全球财务共享服务的实施路径分析 [D]．南昌：江西财经大学，2018：1 -54.

[22] 刘典骥．海尔集团管理会计工具整合问题探讨 [D]．南昌：江西财经大学，2018：1 -56.

[23] 张盛勇．财务管理创新：影响因素、模式选择与路径规划 [D]．大连：东北财经大学，2016：1 -159.

[24] Paul Myerson，麦尔森，梁峥．精益供应链与物流管理 [M]．北京：人民邮电出版社，2014.

[25] 维克托·迈尔·舍恩伯格．大数据时代 [J]．新湘评论，2013，8 (07)：27 -31.

[26] Minelli M.，Chambers M.，Dhiraj A.，大数据分析 [M]．北京：人民邮电出版社，2014.

[27] 中国经济时报制造业调查组. 中国制造业大调查：走向中高端[M]. 北京：中信出版社，2016.

[28]（美）罗宾·库珀. 成本管理系统设计教程与案例[M]. 大连：东北财经大学出版社，2003.

[29] 吴军.《智能时代：大数据与智能革命重新定义未来》[J]. 榆林科技，2017（01）：4－4.

[30] Bart Baesens，贝森斯，柯晓燕. 大数据分析：数据科学应用场景与实践精髓[M]. 北京：人民邮电出版社，2016.

[31] 伯纳德·利奥托德，马克·哈蒙德，Bernard Liautaud. 大数据与商业模式变革：从信息到知识，再到利润[M]. 北京：电子工业出版社，2015.